스타를 만드는 운명

스타를 만드는 운명
이수만 양현석 박진영

사주명리로 살펴본 그들의 인생

박민재

봄꽃 여름숲
가을열매 겨울뿌리

일러두기
1 한글 맞춤법, 표준어 규정, 외래어 표기법 등을 최대한 따랐으나, 내용을 설명하는 과정에서 좀 더 다양한 표현이 필요하다고 판단한 경우에는 규정을 따르지 않았음을 밝혀둡니다.
2 공연, 방송 프로그램, 영화, 책 등의 이름을 표기할 때는 〈 〉로 통일하였습니다.

지은이의 말

"뭐라고? 이수만, 양현석, 박진영의 운명을 얘기한다고?"

"아니, 왜? 이미 영광을 맛보았고 지금도 명성을 누리는 사람들의 사주를 분석해서 뭘 어쩌려고?"

"돈도 없고 빽도 없는 사람들, 기죽이려고?"

제가 대한민국 3대 연예기획사인 SM, YG, JYP 대표들의 운명에 관한 글을 쓴다고 했을 때 저를 아는 사람들이 제게 한 말입니다.

빛나고 아름다운 시절을 충분히 만끽했던 사람들, 지금도 승승장구하고 있는 사람들의 운명을 느닷없이 왜 파고드냐는 거지요.

이들의 운명을 살펴보려는 데는 몇 가지 이유가 있습니다. 우선 그들이 가진 재주와 능력이 어떤 것인지 운명이라는 잣대를 통해 정확히 진단하고 싶어서입니다. 그들이 발산한 고유한 에너지는 어떤 시기에 어떤 방법으로 드러난 것인지, 혹시 아직 표출되지 않은 잠재적 역량이 있다면 그건 또 얼마나 되는지도 가늠해보고 싶었습니다. 대중의 마음을, 뒤엉킨 욕망을, 서로 다른 심리적 기대치를 자신들이 원하는 방향으로 정확하게 유인하는 사람들의 특성도 궁금했습니다. 더불어 재물과 금품은 운명에서 어떤 좌표와 관계를 만들어내는지도 낱낱이 따져보고 싶었습니다.

그걸 알아서 뭐할 거냐고요? 세 사람의 운명을 해석하려는 것은 우리의 운명을 이해하기 위해서입니다. 우리 안에 깃든 운명의 씨앗을 제대로 발아시키기 위해서입니다.

존재로 태어나 살기 위해 안간힘을 쓰는 우리, 이리 뛰고 저리 뛰며 노력하지만 언제나 결실은 빈약하기만 한 우리들의 운명을 냉철한 시선으로 잘 이해해보자는 것이지요.

네. 그렇습니다. 이 책은 무언가를 이룬 사람들의 업적을 칭송할 목적으로 쓴 찬미가가 아닙니다. 누가 언제 어떻게 성공했는지 더듬어보는 추적기도 아닙니다. 그저 오늘 잠시 괜찮은 것 같지만, 내일이면 이내 다시 흔들리는 나, 시도 때도 없이 좌절하는 우리를 위한 운명 에세이입니다.

이수만 • 양현석 • 박진영이라는 조합

3명 모두 방송연예 활동을 했고 그것으로 스타가 되었고 지금도 스타를 만들어내고 있지요. 이렇게만 얘기하면 공통점이 많을 것 같지만, 결코 그렇지 않습니다. 이력이 비슷하지만, 같은 분야에서 활약하고 있지만, 운명에서 발견되는 기질과 정체성은 확연히 다릅니다.

이수만은 유연함을 자랑하는 木입니다.

양현석은 대상을 가리지 않고 감싸 안는 土지요.

박진영은 흘러가는 水입니다.

하나는 나무고 하나는 흙이고 하나는 물이니 셋을 나란히 놓으면 비교하기 좋은, 흥미진진한 운명 조합이 됩니다.

저는 운명을 탐구하는 연구자입니다.

철학관을 차려놓고 운명을 감정하는 감정가도 아니고 사람들 앞에 나서서 강의하는 사람도 아닙니다. 그저 제가 관심 있어 하는 사람들의 운명을 떠올리며 이런저런 궁리를 하는 사람입니다. 다만 운명이라는 것을 생각하며 흘려보낸 시간이 제법 되다 보니 운명에 다가가는 방법을 안내하는 책을 쓰게 되었을 뿐입니다.

책의 구조

책은 2개의 부로 돼 있습니다.

1부, '운명방정식'에서는 운명이 뭔지 어떻게 짜여있는지 설명합니다. 사주(내가 태어난 생년월일시)가 왜 4대(선조와 부모, 나와 자식)가 머무는 집인지, 그 사주에 깃드는 10간과 12지에는 어떤 게 있는지 짚어봅니다. 또 연월일시에 움직임을 일으키는 육친도 훑어봅니다. 1부는 출판사에서 제공한 자료로 꾸몄습니다.

2부, '운명을 살다'에서는 먼저 운명방정식을 푸는 과정을 4단계로 나누어 소개합니다. 1단계에서는 연월일시를 채우는 요소들의 음과 양의 비율을 따집니다. 2단계에서는 사주 안에서 일어나는 움직임과 관계성(육친)을 살핍니다. 3단계에서는 사주의 정체성을 탐색합니다. 마지막 4단계에서는 부족한 오행을 찾아내 사주의 균형을 맞춰줍니다. 이 과정이 끝나면 人生의 사계절이라 할 수 있는 대운(大運)을 살핍니다.

4단계로 접근한 운명이 대운을 통해 어떻게 전개되는지 알 수 있습니다. 운명방정식으로 운명의 구조를 이해했으니 대운을 통해 인물의 인생 행로도 함께 따라가 보는 것이지요.
　이수만, 양현석, 박진영의 인생을 운명방정식, 대운, 연운까지 대입해 분석하다 보면 그들의 차이를 속속들이 알 수 있습니다. 미적 감각, 음악적 감수성, 작업 스타일, 연습생을 키우고 배출하는 방법, 회사를 운영하는 방식, 사업체를 확장하고 해외로 진출하는 일련의 과정 등에서 보이는 서로 다른 특성과 기질을 세세히 이해할 수 있습니다.

　운명은 한 사람을 제대로 이해하는 멋진 도구입니다.
　운명을 헤아린다는 건 한 사람이 살아낸 시간을 하나하나 들춰가는 섬세한 과정입니다. 누군가의 운명을 분석하는 작업은 그 인물을 이해하는 것에서 그치지 않고 나를 이해하는 데도 도움이 됩니다.
　이 글을 쓰는 내내 저는 이수만이라는 나무, 양현석이라는 토양, 박진영이라는 물줄기를 깊이 생각했습니다. 그러면서 오직 연월일시가 제공하는 요소들에 의지해 그들이 통과한 삶의 시간과 앞으로 만나게 될 시절을 해석하려 애썼습니다.
　그들의 운명에서 발견되는 것은 그 어떤 것도 놓치지 않으려 노력했습니다. 이룬 것이 많다고 공적만 나열하지 않도록 신경을 썼습니다. 운명적 한계나 그늘도 분명히 따졌습니다.

부디 제가 소개하는 3개의 운명방정식을 통해 독자 여러분도 자신의 운명을 사색하시기 바랍니다. 이제 이수만이라는 나무, 양현석이라는 토양, 박진영이라는 물줄기를 살펴보겠습니다.

차례

지은이의 말

1부 | 운명방정식

명식, 운명방정식

四柱, 4대가 머무는 집   24
네 기둥과 여덟 글자   24
사주팔자에 들어가는 10간과 12지
60갑자
연월일시 건축물

간단히 확인하는 10간 12지   30
10간의 유래   30
10간은 서로 이어져 있다
갑목(甲木) : 타협하지 않는 꼿꼿한 선구자
을목(乙木) : 여러 갈래로 뻗어가는 유연한 협상자
병화(丙火) : 자신의 빛으로 세상을 밝히는 자원봉사자
정화(丁火) : 미세한 영역을 속속들이 드러내는 발견자
무토(戊土) : 터전을 제공하고 중용을 가르치는 공간
기토(己土) : 생명이 깃들 수 있는 부드러운 공간
경금(庚金) : 변화방향을 돌려놓기 위해 등장한 뻣뻣한 전사
신금(辛金) : 정리하고 정돈하는 분리수거의 달인

임수(壬水) : 기억과 정보를 싣고 새로운 세계로 나아가는 전령
계수(癸水) : 생명을 배양하는 생명천사

12지와 지장간 35

인목(寅木)

묘목(卯木)

진토(辰土)

사화(巳火)

오화(午火)

미토(未土)

신금(申金)

유금(酉金)

술토(戌土)

해수(亥水)

자수(子水)

축토(丑土)

관계의 바다, 육친 41

인성印星, 나(일간)를 후원해주는 든든한 지지자 42

인성의 순기능

인성의 역기능

비겁比劫, 협력하는 동지 & 방해하는 경쟁자 44

비겁의 순기능

비겁이 많을 때의 역기능

식상食傷, 속마음을 표현하는 나의 분신　45

식상의 순기능

식상과 직업

식상의 역기능

재성財星, 미지의 세계, 원더풀 라이프　49

재성의 순기능

재성의 역기능

관성官星, 성찰하고 헤아리고 돌아보는 능력　53

관성의 순기능

관성의 역기능

2부 | 운명을 살다

이수만, 막힌 길은 뚫고 열린 길은 넓히고

운명방정식, 이렇게 푸세요 61
음과 양의 비율을 가늠합니다 61
수와 화, 금과 목
토
음양의 균형에서 나온 결론

육친을 적용합니다 63
인성
비겁
식상
재성
관성
육친에서 얻은 결론

일간을 탐색합니다 69
끈질긴 생명력
가르치고 배우는 기운
미적 감각
갑목과 을목의 협응

부족한 오행이 무엇인지 판단합니다 71

水와 火의 관계

金과 木의 관계

용신(구세주 오행)은 金과 水

대운, 人生의 사계절 73

대운진입 전 73

정미丁未대운 (여름대운의 끝) : 6세~15세 (1958~1967) 74

무신 기유 경술戊申 己酉 庚戌로 이어가는 30년 가을대운 74

무신戊申대운 (가을대운의 시작) : 16세~25세 (1968~1977) 75
음악 활동

기유己酉대운 (가을대운의 한복판) : 26세~35세 (1978~1987) 76
유학생활과 MTV

활동 재개

경술庚戌대운 (가을대운의 끝) : 36세~45세 (1988~1997) 77
SM기획

SM엔터테인먼트

신해 임자 계축辛亥 壬子 癸丑으로 이어가는 30년 겨울대운 79
수와 토

결실의 겨울

수생목의 시간

양현석, 대상을 가리지 않고 감싸 안는 흙

운명방정식, 이렇게 푸세요　85
음과 양의 비율을 가늠합니다　85
수와 화, 금과 목
너무 많은 토
결론

육친을 적용합니다　87
인성
비겁
식상
재성
사주의 결함을 해결하는 재성
관성
육친에서 얻은 결론

일간을 탐색합니다　93
질서를 부여하고 중용을 실천합니다
생명이 깃들 수 있는 터전이 됩니다
확고한 믿음이 있습니다

부족한 오행이 무엇인지 판단합니다　95
水와 火의 관계
金과 木의 관계
구세주 오행은 金과 水와 木

대운大運. 人生의 사계절 96

대운진입 96

병자 을해丙子 乙亥로 이어가는 20년 겨울대운 97

병자丙子대운 (겨울대운의 한복판) : 1세~10세 (1969~1978) 97

을해乙亥대운 (겨울대운의 입구) : 11세~20세까지 (1979~1988) 97
재주와 능력을 발견하는 시간

갑술 계유 임신甲戌 癸酉 壬申으로 이어가는 30년 가을대운 99

갑술甲戌대운 (가을대운의 끝) : 21세~30세 (1989~1998) 99
서태지와 아이들
프로듀서

계유癸酉대운 (가을대운의 한복판) : 31세~40세 (1999~2008) 100
명성을 얻는 시절

임신壬申대운 (가을대운의 입구) : 41세~50세 (2009~2018) 101
잠재력을 뽐내는 대운
아내와 자식을 얻는 대운

신미 경오 기사辛未 庚午 己巳로 이어가는 30년 여름대운 102

박진영, 구석구석 파고드는 물 대상의 속마음을 읽어내는 물

운명방정식, 이렇게 푸세요　107
음과 양의 비율을 가늠합니다　107
수와 화, 금과 목
토
음양의 균형에서 얻은 결론

육친을 적용합니다　109
인성
비겁
식상
숨은 木 찾기
재성
관성
육친에서 얻은 결론

일간을 탐색합니다　115
유동성
사색하는 힘
예민한 감수성
생명 친화

부족한 오행이 무엇인지 판단합니다　116
水와 火의 관계

金과 木의 관계

용신(구세주 오행)은 木과 火, 土

대운, 人生의 사계절　118

대운진입 전　118

기해己亥대운 (겨울의 초입) : 2세~11세 (1973~1982)　119

미국생활

무술 정유 병신戊戌 丁酉 丙申으로 이어가는 30년 가을대운　119

무술戊戌대운 (가을대운의 끝) : 12세~21세 (1983~1992)　120

水를 막은 土

정유丁酉대운 (가을 한복판) : 22세~31세 (1993~2002)　121

병신丙申대운 (가을대운의 입구) : 32세~41세 (2003~2012)　122

가을대운의 성과

재성과의 관계

을미 갑오 계사乙未 甲午 癸巳로 이어가는 30년 여름대운　123

가을의 활동

여름을 따라 팽창하는 일간

화목한 가정

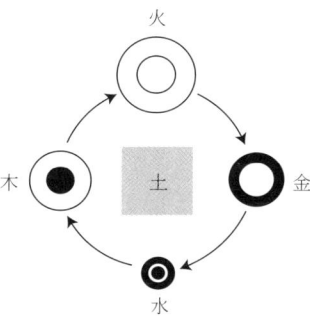

연월일시로 짜인 운명에는

선조의 인생, 부모의 삶,

나의 여정, 후손의 이야기가

함께 숨 쉬고 있습니다.

1부 | 운명방정식

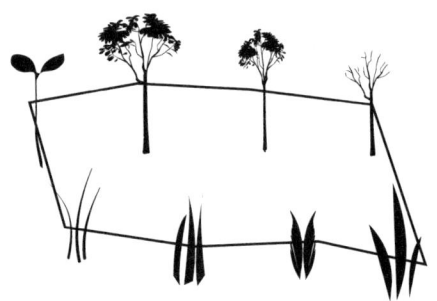

명식, 운명방정식

존재로 태어나면 누구나 자신만의 고유한 연월일시를 갖습니다.
그것을 네 개의 기둥이라는 뜻으로 사주四柱라 합니다.
명식, 운명, 명이라고도 일컫습니다.

네 개의 기둥은 아래와 같습니다.

年의 기둥을 연주年柱
月의 기둥을 월주月柱
日의 기둥을 일주日柱
時의 기둥을 시주時柱라 합니다.

사주팔자라는 말의 四柱가 바로 네 개의 기둥이었군요.

四柱, 4대가 머무는 집

네 기둥과 여덟 글자

사주는 확인했고 이제 팔자도 찾아봐야겠군요.

'천간과 지지'라는 말은 들어보았지요? 줄여서 그냥 간지라고도 합니다. 천간을 구성하는 요소는 열 개가 있습니다. 그것을 10간이라 부릅니다. 지지를 구성하는 요소는 열 두 개가 있습니다. 12지라 일컫지요.

10간은 甲乙丙丁戊己庚辛壬癸입니다.

12지는 子丑寅卯辰巳午未申酉戌亥입니다.

10간과 12지가 결합하면 60개의 年이 나오고 그것을 60갑자라 부릅니다. 올해는 丙申年이지요. 여기서 병은 천간에 속하고 신은 12지에 속합니다. 아하! 우리가 年을 말할 때 앞에 나오는 건 10간이고 뒤에 따라오는 건 12지군요. 사주팔자에서도 위층을 담당하는 건 10간이고 아래층을 채우는 건 12지입니다.

우리가 태어나는 순간 갖게 되는, 네 기둥(사주)과 여덟 가지 방(팔자)도 10간과 12지 안에 모두 있습니다. 사주와 팔자를 10간과 12지가 채우는 것이지요. 10간과 12지를 제대로 탐구하면 운명의 밑그림을 이해할 수 있습니다.

그럼 10간과 12지에는 어떤 내용물이 있는지 살펴봅시다.

사주팔자에 들어가는 10간과 12지

10개의 天干 : 위층

甲, 乙, 丙, 丁, 戊, 己, 庚, 辛, 壬, 癸

(갑 을 병 정 무 기 경 신 임 계)

천간에 등장하는 10개의 요소를 양과 음으로 나누면 이렇습니다.

甲丙戊庚壬 – 양, 乙丁己辛癸 – 음

12개의 地支 : 아래층

子, 丑, 寅, 卯, 辰, 巳, 午, 未, 申, 酉, 戌, 亥

(자 축 인 묘 진 사 오 미 신 유 술 해)

지지를 담당하는 12개를 양과 음으로 나누면 이렇게 됩니다.

子寅辰午申戌 – 양, 丑卯巳未酉亥 – 음

60갑자

60갑자라고 얘기했으니 혹시 60개의 한자를 익혀야 하는 것으로 오해한 분도 계실지 모르겠네요. 에이 설마요? 그럴 일은 없으니 안심하시기 바랍니다. 60갑자가 60가지 해(年)를 일컫는 건 맞습니다. 그렇다고 60개의 한자가 나오지는 않아요. 그럼 서로 다른 60개의 해는 어떻게 나올까요?

10간과 12지지가 만나면 60개의 年(60가지의 다양한 건물)을 만들 수 있습니다. 10간과 12지가 서로 어울려 60개의 기운을 뿜어냅니다. 10과 12의 공배수가 60인 건 잘 알고 계시지요?

우리가 태어난 해도 60가지 年 중에 하나일 것입니다. 사주가 팔자가 되는 건 우리의 생년월일시를 천간과 지지로 구분했기 때문입니다. 기둥의 윗부분은 간이 되고 아랫부분은 지가 됩니다.

여기서 연은 연간과 연지, 월은 월간과 월지, 일은 일간과 일지, 시는 시간과 시지로 구성됩니다. 네 개의 기둥에서 여덟 개의 요소로 바뀌었지요. 이것이 팔자입니다. 운명을 구성하는 여덟 가지 요소라는 뜻이지요.

연월일시 건축물

사주는 연월일시라는 4단계로 되어있습니다.

연월은 지구 공전에서 결정되고 일시는 지구 자전에서 나옵니다. 연월이 일시에 영향을 미치는 형태입니다. 인식의 주체인 일간(나)은 공전의 영향을 받은 자전의 움직임입니다. 그럼 연월일시의 관계, 사주의 구조를 살펴봅시다.

	시	일	월	연
간	甲	乙	丙	壬
지	辛	未	午	辰

사주 (뿌리, 줄기, 꽃, 열매)

근根 – 年의 기둥, 연주年柱

묘苗 – 月의 기둥, 월주月柱

화花 – 日의 기둥, 일주日柱

실實 – 時의 기둥, 시주時柱

연주는 할아버지, 할머니를 비롯한 윗대의 조상이 만든 결과입니다.
월주는 부모가 형성하는 기운입니다.
일주는 일간[01]과 배우자가 함께 엮어나가는 기운입니다.
시주는 일간이 지향하는 목적지입니다. 인생 후반부의 삶을 알 수 있습니다.

연주年柱

연은 우리가 보통 띠로 알고 있는 곳입니다. 사주의 기본 뿌리입니다. 선조들의 환경이 나타나는 곳입니다. 조상의 신분, 생활 근거지, 일간이 태어나기 전의 여건, 태어나고 자랄 때의 형편까지도 알 수 있습니다.

연주는 영향력을 미치는 시간이 아주 깁니다. 일생동안 이어집니다. 일간이 성장해가면서 연주의 기운이 점차 약해지는 건 분명하지만 완전히 단절되지는 않습니다. 연은 사주에서 첫 번째 등장하는 관문입니다. 집으로 치면 대문입니다. 대문을 통과하지 않으면 집 안으로 들어갈 수 없습니다.

---

[01] 일간은 생각하고 판단하는 '나'를 말합니다. 사주팔자에서 '나'는 일주에서 나옵니다. 구체적으로는 일주의 천간, 일간이 '나'입니다. 일간은 생각하고 판단하는 '인식의 주체'입니다.

그 집의 사정도 알 수 없지요. 결혼할 때 띠를 중시하는 것도 이유가 있습니다. 서로 다른 환경에서 커온 남녀가 가정이라는 구조물을 잘 만들기 위해서는 각자의 대문을 잘 통과하는 것에서부터 문제가 없어야 한다는 생각이 깔렸기 때문입니다.

월주月柱

월령月令이라고도 합니다. 연주에서 가지를 뻗어 나온 기운입니다. 부모가 조성한 가정환경을 알 수 있습니다. 계절의 힘이 작용하기 때문에 개인의 운명에 가장 큰 영향을 끼칩니다. 일간이 부모로부터 독립해 독자적 힘을 갖게 될 때까지는 영향력이 이어집니다.

연주가 시간적으로 길게 이어지는 구속이라면 월주는 실질적 구속력을 행사합니다. 아버지, 어머니, 형제자매와의 인연도 월주에서 드러납니다. 월주를 보면 일간이 자랄 때의 가정 분위기와 가문의 영향도 짐작할 수 있습니다.

일주日柱

일주는 정체성이 결정되는 곳이며 인식의 중심을 이루는 곳입니다. 선택하고 판단하고 결정하는 인식의 주체, 일간이 있기 때문이지요. 일지(일의 지지)는 배우자의 자리입니다. 일지를 보면 배우자의 환경을 알아볼 수 있습니다. 일주에서는 부부가 함께 만들어가는 가정의 분위기를 느낄 수 있습니다.

시주時柱

시주는 일주가 지향하는 최종 목적지여서 말년과 깊은 연관이 있습니다. 관계로 보면 아들, 딸, 아랫사람, 인생의 후반부에 만나는 사람 등을 의미합니다. 시주를 살펴보면 나이가 들었을 때의 삶을 알 수 있습니다. 또 일간이 세상을 떠난 후 후손이 펼쳐가는 삶의 행로도 짐작할 수 있답니다.

인생 전반부는 부모의 보호 아래 성장하는 과정이라 연월의 지배력에 좌우됩니다. 후반부는 결혼을 하고 자식을 낳고 한 가정을 잘 이끌어야 하기에 일과 시가 위력을 발휘합니다.

간단히 확인하는 10간 12지

좀 전에 운명의 밑그림을 이해하려면 10간과 12지를 탐구해야 한다고 했습니다. 그러면서 10간과 12지에 어떤 것들이 들어있는지만 살폈습니다. 이제 사주팔자를 채우는 간과 지를 봐야할 텐데요. 여기서는 간지를 처음부터 끝까지 완전히 파헤치지는 않을 겁니다.

이 책은 10간과 12지를 어느 정도 파악하고 있지만 사주에 적용하는 방법을 몰라 안타까워하는 분들을 위해 나왔습니다. 그렇다고 아예 언급을 하지 않으면 아쉬워할 분도 계실 테니 10개의 간과 12개의 지지를 각각 한두 문장 정도로 설명하고 가겠습니다. 간지가 생소한 독자는 꼭 10간과 12지 부분을 보충[02]하시기 바랍니다.

10간의 유래

10간은 5행(목화토금수)에서 나왔습니다.

10간은 목화(갑을, 병정)와 금수(경신, 임계)로는 시간의 변화를 표현하고 토(무, 기)를 통해서는 공간의 수축과 팽창을 드러냅니다.

10간은 시간과 동일하다고 할 수는 없지만 시간적 요소가 잠시도 쉬지 않고 작용하므로 시간 코드로 보아도 큰 문제는 없습니다. 다만 시간 에너

---

02 간지를 이해하다 보면 음양에서 오행으로 변화하는 단계, 오행에서 10간과 12지로 발전하는 과정도 알게 되겠지요. 운명이 뭔지, 어떻게 작동하는지 좀 더 세세하게 이해하고 싶은 분들은 〈운명의 발견〉, 〈쉽게 풀어쓴 운명〉을 읽어보시기 바랍니다.

지가 충돌을 일으키지 않고 잘 연결될 수 있게 공간도 수축과 팽창을 통해 시간의 변화에 발맞추는 정도로 이해하면 좋겠습니다.

이것저것 함께 생각하는 것이 귀찮다 싶으면 그냥 시간 코드로만 기억하기 바랍니다.

10간은 서로 이어져 있다

10간을 보기 전에 한 가지 일러둘 게 있습니다. 열 개의 천간이 딱딱 끊어져 있는 게 아니라는 것입니다. 각각의 요소들이 순차적 흐름으로 이어져 있지요. 열두 개의 지지도 마찬가지입니다.

오행의 변화 과정도 그렇습니다.

수에서 목으로 변화하고 그 목이 다시 화로 이어집니다. 토는 화를 수렴해 금으로 나아갑니다. 금은 다시 수로 이어지고 수는 또 목으로 연결되면서 끊임없는 순환이 일어나는 것이지요.

시간성을 표현하는 10간도 그렇습니다.

갑목이 을목으로 변하고 을목이 병화로 진행하는 일련의 과정이 단절된 것이 아니라 연속성을 띤다는 점을 꼭 기억하기 바랍니다. 이제 10개의 간을 차례로 보겠습니다.

갑목(甲木) : 타협하지 않는 꼿꼿한 선구자

　갑목은 위를 향해 곧게 올라갑니다.
　강하게 치솟는 생명 에너지입니다.

을목(乙木) : 여러 갈래로 뻗어가는 유연한 협상자

　을목은 상하좌우로 뻗어나갑니다.
　부드럽고 섬세한 생명 에너지입니다.

　직선 형태의 甲이 환경에 적응하는 과정에서 곡선의 乙로 전환되었습니다. 바르고 곧기만 했던 처음의 모습에서 구부리기도 하고 휘기도 하면서 생장에 대한 강한 의지를 나타내는 것이지요.

병화(丙火) : 자신의 빛으로 세상을 밝히는 자원봉사자

　태양과 같은 병화는 넓은 공간을 비추고 대상을 훤히 드러냅니다.
　순식간에 사방으로 퍼져나가는 에너지입니다.

정화(丁火) : 미세한 영역을 속속들이 드러내는 발견자

　병화의 빛이 한 곳으로 모이는 과정에서 정화가 되었습니다. 병화에 비해 에너지가 약화된 것처럼 보이지요? 공간적으로 축소되었을 뿐 대상에 대한 집중력은 오히려 강해졌습니다.

무토(戊土) : 터전을 제공하고 중용을 가르치는 공간

광활하고 마른 땅입니다. 멈추어 쉬며 조정하는 기운입니다.

활동을 멈추고 쉬고 있는 무토는 광활한 대지와 같습니다. 木火金水가 깃들 수 있는 안정된 그릇 역할을 합니다.

기토(己土) : 생명이 깃들 수 있는 부드러운 공간

생명이 기댈 수 있는 부드러운 흙입니다.

우리가 살아가는 일상의 공간입니다.

경금(庚金) : 변화방향을 돌려놓기 위해 등장한 뻣뻣한 전사

수축하는 기운입니다.

매끄럽지 못한 원광석에 비유하기도 합니다.

10간의 변화를 보면 갑을병정에서 팽창이 일어난 후, 무토와 기토에서 잠깐 멈추어 쉽니다. 경금에 이르면 갑작스러운 수축이 일어납니다. 처음 경험하는 수축과정이다 보니 딱딱하게 굳어 있습니다. 찬찬히 뜯어보면 경금은 어딘가 어설픈 구석이 있어 보입니다.

경금은 원광석과 비슷합니다. 겉모습은 강해보이지만 정교하거나 치밀하지는 않습니다. 유익한 연장이나 도구가 되려면 불로 연단하고 물로 씻어내야 합니다.

신금(辛金) : 정리하고 정돈하는 분리수거의 달인

여러 방향에서 정교하게 일어나는 제어작용입니다.

빛나는 보석, 결실을 이룬 열매와 같습니다.

투박하고 엉성했던 경금이 날카롭고 예리한 辛金이 되는 과정은, 甲목이 乙목이 될 때 보았던 단계와 비슷한 점이 있습니다. 경금이 불 속에서 단련을 마치고 나와 물로 말쑥하게 단장까지 끝낸 단계가 辛금인 셈입니다. 원광석이 보석으로 거듭난 것이지요.

임수(壬水) : 기억과 정보를 싣고 새로운 세계로 나아가는 전령

압축돼 있던 에너지가 움직입니다. 유동성이 중요한 임수는 물이 고여드는 강이나 호수, 출렁이는 바다에 비유합니다.

계수(癸水) : 생명을 배양하는 생명천사

흐름이 약해진 에너지입니다. 습지의 물, 진액(생명현상을 불러오는 액체)에 비유합니다.

임수는 유연성을 자랑하며 흐르는 물이라면 계수는 유기체에 스며들어 성장과 활동을 돕는 물입니다. 계수는 생명체의 욕구를 세밀하게 도와줍니다.

12지와 지장간

12지도 5행(목화토금수)에서 나왔습니다.

12지는 토를 중심으로 12방위로 분산된 공간입니다.

열두 개의 지지는 寅 卯 辰(봄)/ 巳 午 未(여름)/ 申 酉 戌(가을)/ 亥 子 丑(겨울)입니다. 사주에서 위층을 차지하는 10간은 기운이 단순합니다. 아래층에 들어가는 12지는 좀 복잡합니다. 10간의 기운 2~3개가 각 지지에 스며듭니다. 이처럼 12지 속에 깃든 10간을 지장간地藏干이라 합니다. 지장간은 숨을 들이쉬고 내뱉는 호흡작용에서 생깁니다.

목화금수로 이어가는 계절의 변화는 지구의 흙이 숨을 쉬는 활동입니다. 토를 중심으로 팽창하는 木火와 수축하는 金水의 순환이 일어나는 것이지요.

이제 12개의 지지를 보겠습니다.

인목(寅木)

생명이 튀어 오를 준비를 하는 곳

태양이 떠오르는 골짜기 숲

寅은 생명의 기운이 태어나는 곳입니다. 태양의 빛 병화와 생명의 기운 갑목, 광활한 대지 무토가 깃들어 있습니다. 계절로는 초봄에 해당하고 하루로 따지면 새벽입니다. 인목에서는 이른 봄의 찬 기운과 새벽녘의 쌀쌀함을 느낄 수 있습니다. 생명이 활짝 꽃을 피우려면 좀 더 기다려야 합니다.

묘목(卯木)

생기발랄한 생명의 공간

풀과 꽃으로 뒤덮인 초원

생명의 기운이 확장되는 곳입니다. 묘는 乙목과 甲목을 품고 있습니다. 가늘게 늘어지며 고운 자태를 보이지만 굳센 생명력도 지녔습니다. 묘목에서는 생명의 아름다움과 강인함을 발견할 수 있습니다.

묘목의 기운을 타고 난 사람들은 그림을 그리고 글을 쓰고 디자인을 하는 등 섬세함과 창의성이 요구되는 분야에서 재능을 발휘합니다.

진토(辰土)

생명체의 욕구가 깃든 곳, 남아있던 물이 고여 생긴 늪지

원대한 포부와 야망이 숨어있는 땅

토는 대상을 너그럽게 받아들이는 포용성은 있지만 감정을 세세하게 읽어내기는 어렵습니다. 12지에서 토는 4곳을 차지했습니다. 흥미로운 건 4개(辰, 未, 戌, 丑)의 토가 분위기나 기질에서 다르다는 것이지요. 辰에는 癸수가 스며있어 생명에게 자양분을 공급합니다.

사화(巳火)

축제를 즐기지만 앞날에 대한 계획도 세우는 곳

화려함을 추구하지만 이득을 따진다.

巳에는 사방으로 퍼져나가는 병화, 수축하는 경금, 넓은 터전 무토가 있

습니다. 발산하는 병화가 있어 호화스럽지만 뻣뻣한 경금이 있어 마냥 멀리 나갈 수는 없습니다.

오화(午火)

열정으로 불타오르는 곳, 순수함이 극에 달한 지점

빛이 선사한 알록달록 문명천국, 뜨거운 현장 한가운데

오화는 12개의 지지 중, 열기가 제일 많은 곳입니다. 午火는 영상매체, 디지털 장비, 첨단 과학기술 분야에서 빛을 발합니다.

미토(未土)

木火의 결과물을 쌓아두는 곳, 지식과 정보가 보존되는 곳

정신적 산물을 바탕으로 다양한 활동이 일어나는 곳

金과 水가 물질을 기반으로 한 무거운 기운이라면 木火는 가볍고 경쾌한 정신적 기운입니다.

未土는 가벼운 기운들을 모아 무거운 기운으로 전환할 수 있습니다. 미토에는 기토, 정화, 을목이 들어있습니다. 기토는 사람의 발이 쉽게 닿을 수 있는 흙, 정화와 을목은 느끼고 생각하는 정신의 기운, 관계와 교류가 발생하는 시설과 관련이 있습니다. 지식과 정보를 제공하는 교육시설, 교환과 거래가 발생하는 상업시설, 공연과 전시가 이어지는 문화예술 공간도 미토의 특성이 발휘된 곳입니다.

신금(申金)

정리와 정돈이 시작되는 곳, 봄여름의 결과물을 검사하는 곳

팽창에서 수축으로 기세가 바뀐다.

申은 구분하고 분리하는 기운입니다. 신에서는 반듯하게 구획되고 다듬어진 도시의 모습을 느낄 수 있습니다. 정비된 도로망이나 시설물, 공업단지 등 짜임새 있는 도시건축물은 신금의 역량이 발휘된 것이지요. 상황에 따라서는 목을 압박하기도 합니다.

유금(酉金)

냉혹한 평가를 내리는 감독관이 머무는 곳

합리, 절제, 냉철함이 작동한다. 단단한 결실이 들어차는 곳

유금에는 庚금과 辛금이 깃들어 있습니다. 申에서는 압박의 분위기만 맛보았지요. 酉는 생명력을 발휘하는 목을 향해 날카로운 칼날을 들이댑니다. 목의 입장에서는 유금이 원망스럽겠지요. 적절한 제어능력으로 잘 발휘된 유금의 능력은 무시할 수 없습니다. 금융이나 유통에 이용되는 첨단장비, 산업현장에서 사용되는 정밀기계, 정교한 의료기기 등도 유금의 기운이 반영된 물적 요소들입니다.

술토(戌土)

지나온 시간을 돌이켜보는 사색의 공간

가을걷이가 끝나고 텅 비어 있는 땅, 삶의 의미를 생각하는 곳

메마른 술토는 생산 활동이 일어나기 어려운 곳입니다. 사람이 살지 않는 변방의 땅, 거친 산, 사막, 넓은 고원으로 볼 수 있지요. 옛사람들은 술토를 관념의 세계, 현실 밖의 정신세계, 사후 세계와 연결시켰습니다.

기술이 발전하면서 술토의 처지도 달라졌습니다. 대규모로 조성된 공업단지, 강이나 바닷물을 막는 댐, 도시와 도시를 잇는 고속도로, 광산, 터널 등 기간산업시설로 변모하고 있습니다.

해수(亥水)

생명에너지가 꿈틀거리는 세계

삶과 죽음을 이어 붙이는 장소, 영양분이 녹아있는 물

겉에서 보면 해수는 빛이 사라져 캄캄하고 어둡습니다. 그래도 무토와 자양분을 품은 임수, 생명력을 발휘하는 갑목이 있습니다. 생명체는 해수에 의지해 먹고, 마시고, 잠자고, 배설하는 생리적 욕구를 해결합니다.

자수(子水)

은밀하고 비밀스러운 곳, 정제된 물

생명을 기다리며 기운을 변환하는 마법의 공간

자수는 수심이 깊어 쉽게 접근하기 어려운 곳입니다. 은밀하고 비밀스러운 공간이지요. 그래도 유연하고 부드러운 수의 천성을 간직하고 있으니 어디든 흘러들 수 있습니다.

축토(丑土)

축적된 에너지가 많은 곳, 물적 자원을 비축해 놓은 땅

丑은 얼어붙은 땅입니다. 축에는 己토, 辛금, 癸수가 들어있습니다. 축토는 물적 자원이 집적되어 있는 자재창고, 냉동고 역할을 합니다. 감시·단속·경계가 중요한 법원, 경찰서, 군대, 정신병원, 중환자실도 축토의 기운이 반영된 곳입니다.

네 기둥과 여덟 개 방에 들어가는 간지까지 보았으니 이제 운명을 바로 풀어볼 수 있을까요? 아주 안 된다고는 할 수 없지만 이야기가 좀 빈약해질 겁니다. 한 사람의 인생을 풍경화로 그려낸다면 지금까지의 과정은 도면에서 구도를 잡은 정도에 해당합니다. 이야기가 좀 더 풍부해지려면 색을 입혀야 합니다. 내용을 만들어내는 것이지요. 그 과정이 육친입니다.

관계의 바다, 육친

육친은 일간을 중심으로 발생하는 관계를 말합니다.

인성印星, 비겁比劫, 식상食傷, 재성財星, 관성官星의 다섯 가지 요소에 일간日干까지 더해 육친六親, 혹은 육친 관계라 부릅니다. 육친은 사주를 인생사에 적용하기 위해 나왔습니다. 인간의 운명을 해석해보는 것이지요. 그러니 그 의미를 제대로 알면 자신의 운명을 이해할 수 있습니다.

육친[03]이라고 하니 친구가 여섯인가 하며 궁금해 하셨죠? 친구라 할 만한 요소도 있기는 합니다. 그런데 이름은 또 다들 왜 이렇게 어려울까요? 그럼 육친이 대체 무엇인지 간단히 살펴보지요.

아래는 육친을 쉽게 이해할 수 있는 도형입니다.

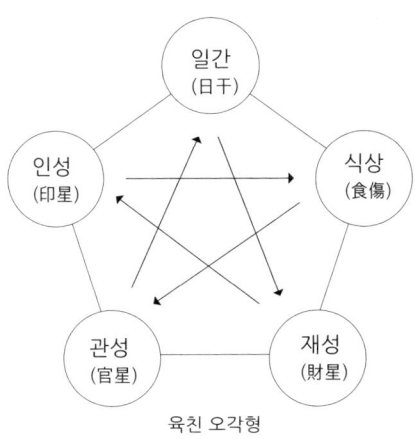

육친 오각형

---

03   이 책에서 설명하는 부분은 육친의 핵심만 추린 것입니다. 사주를 잘 모르는 초보자라면 관련 자료를 찾아 보충하시기 바랍니다. 비겁은 일간과 같은 오행이라 따로 구분하지 않았습니다. 그래서 모형도 육각형이 아닌 오각형입니다.

인성印星, 나(일간)를 후원해주는 든든한 지지자

> 관계 : 어머니, 윗사람, 선배
> 작용 : 일간을 보호하고 지원하는 배후의 힘
> 기존 지식을 익히고 학습하는 능력

    육친 오각형에서 바로 옆에 있는 요소들은 상생하는 관계입니다. 한 단계 건너 있으면 상극관계[04]를 만듭니다. 인성은 일간을 돕는 기운이지요? 위치도 일간의 바로 뒤에 붙어있군요.
    인성이란 말에는 어떤 의미가 함축돼 있을까요?
    인印은 도장을 의미합니다. 일간을 후원해주는 인성은 일간보다 한 단계 먼저 있었던 오행입니다. 일간이 태어나기 전부터 있던 환경이지요. 그런 인성이 일간을 상생한다는 것은 인성이 누리던 권리와 몫을 일간에게 지원해 준다는 의미가 들어있겠군요. 제 아무리 뛰어난 자질과 능력을 타고 난 사람이라 해도 어린 시절에는 보호와 보살핌이 필요합니다. 그럴 때 일간을 양육하고 교육할 후원 세력이 낳아준 부모가 되는 것은 무척 자연스럽습니다.
    가정에서는 인성 역할을 어머니가 수행합니다만 한 사람이 온전히 성장하고 성숙되기 위해서는 도우는 기운이 가정으로 끝나면 안 되겠지요. 사회에서도 제도와 조직을 갖추어 인성 역할을 하고 있습니다.
    일간이 태어나 자라는 시기에 인성은 가장 필요한 오행입니다. 사주에

---

04   육친 오각형에서는 화살표로 표시돼 있습니다. 관성은 일간을 상극하고 일간은 재성을 상극합니다. 재성은 인성을 상극하고 인성은 식상을 상극하고 식상은 관성을 상극하는 것이지요.

인성이 있다면 성장하는 동안 부모의 도움과 보호를 받습니다. 사회에 나가서는 연장자의 보살핌도 이어질 것입니다.

인성의 순기능

a) 인성이 있으면 성격이 온순하고 참을성이 있습니다.

b) 학습 능력이 뛰어납니다.

c) 명예를 소중히 여깁니다.

d) 조직이나 윗사람과 불화를 일으키지 않고 원만하게 지냅니다.

중요한 인성이지만 너무 많이 있으면 문제를 유발합니다. 무엇이든 균형을 벗어나면 역기능이 발생합니다. 명식에 인성만 가득하면 이미 있는 환경이나 조건에 자꾸 의지하려 듭니다. 기득권이 주는 혜택에서 벗어나 새로운 발상을 하기 어렵습니다. 창조적 능력도 기대할 수 없습니다.

인성의 역기능

a) 생각은 많지만 행동으로 옮기는 능력은 부족합니다.

b) 선배나 어른, 스승에게는 신경을 쓰지만 후배나 동료, 아랫사람은 잘 챙겨주지 못합니다.

비겁比劫, 협력하는 동지 & 방해하는 경쟁자

관계 : 형제, 자매, 친구, 동료, 경쟁자, 방해자

작용 : 주체성의 확립, 확고한 자립성

　　　협력과 경쟁을 배운다.

비겁은 일간과 오행이 같습니다. 비겁이 있으면 일간의 주체성이나 의지가 더욱 강해집니다. 비겁이 있으면 자의식이 강하고 형제자매에 대한 우애나 친구에 대한 우정에 가치를 두며 자신이 속한 공동체에 애정을 갖습니다.

일간이 약할 경우는 비겁이 중요한 역할을 합니다. 일간이 줏대 없이 이리저리 흔들릴 때 비겁이 나서서 바로잡아줍니다. 일간이 약한데 비겁의 도움마저 없다면 정체성도 부족하고 자신감도 부족해 무슨 일을 제대로 해나가기 어렵습니다. 정반대 경우도 있겠지요. 일간의 기세가 강하다면 자신을 닮은 비겁을 반기지 않습니다. 그럴 때의 비겁은 일간의 길을 방해하는 경쟁자일 뿐입니다.

비겁의 순기능

　a) 자존심을 지키고 주체성을 갖습니다.

　b) 삶에 대한 의지가 샘솟고 동료를 각별히 여깁니다.

비겁이 많을 때의 역기능

a) 생각이 유연하지 못하고 갇힌 사고를 하기 쉽습니다.

b) 성향이 다른 대상을 이해하기 어렵습니다.

c) 자기중심적인 판단을 하기 쉽고 눈앞의 일에만 급급해하는 측면이 있습니다.

식상食傷, 속마음을 표현하는 나의 분신

관계 : 아랫사람, 제자
　　　　남자에게는 처갓집 식구, 여자에게는 자식
작용 : 일상의 욕구, 삶의 방식, 재능, 소질, 개인적 활동이나 성향

　식상은 일간이 상생하는 육친입니다. 일간을 가장 잘 이해하는 기운이지요. 일간의 느낌을 아무런 장애 없이 곧바로 분출하기 때문에 독창적인 표현이 가능합니다.
　식상은 개인적 기질에서 나오는 개성과 재능이지요. 자신의 취향이나 감각, 감수성을 중요시합니다. 윗사람이나 앞선 세대가 전해주는 것이라 하여 무턱대고 소중히 여기지는 않습니다. 지식과 정보를 받아들일 때도 자기만의 시선으로 재가공합니다. 창조적 발상을 하기 때문에 주관도 뚜렷하고 소신도 강합니다.

식상의 순기능

  a) 자기감정을 분명하게 드러냅니다.

식상은 일간의 거침없는 표현에서 나옵니다. 식상은 육친 중에서 일간이 가장 편하게 느끼는 요소입니다. 손발을 직접 움직이는 능력입니다. 주변을 의식하지 않고 하는 말이나 행동입니다.

  b) 경제활동을 보장해줍니다.

인간의 활동 중에 정말 중요한 것이 돈을 버는 능력이지요.

돈을 많이 벌려면 활동을 많이 하면 될까요? 사람마다 다릅니다. 어떤 사람은 그냥 가만히 앉아 있는데도 돈이 계속 쌓이고 어떤 사람은 열심히 움직이는데도 오히려 돈이 자꾸 빠져나갑니다.

육친 관계로 볼 때 식상이 재성을 상생하니 적어도 돈을 버는 행위가 일어나려면 식상이 있어야 합니다. 실제 운명을 보면 식상은 잘 발달되어 있는데 식상이 흘러갈 재성財星이 부실한 경우가 많습니다. 우리들 대부분이 그렇습니다. 이것저것 노력은 많이 하지만 밑천(재성)이 빈약해 장사도 안 되고 사업도 잘 되지 않습니다. 취업도 쉽지 않습니다. 준비를 게을리 한 것도 아닌데 자신을 받아주는 회사가 없습니다. 또 직장에 다니고 있어도 불안하기는 마찬가지입니다. 언제 정리해고 대상이 될지 모르니까요. 이것은 식상이 상생할 수 있는 재성이 없을 때의 사례입니다. 식상만으로는 불완전한 노동 형태를 띠는 것이지요.

식상과 직업

  돈벌이 이야기가 나왔으니 직업에 관한 이야기를 여기서 하는 게 좋겠습니다. 세상에 무수한 직업이 있는 것처럼 돈을 버는 유형도 여러 가지입니다. 자격증으로 직업을 보장받기도 하고 시험을 쳐서 공무원이 되기도 합니다. 직업을 다룰 때는 식상, 재성, 관성을 함께 언급하는 것이 좋습니다.

  일간이 탄탄한 직업을 가지려면 식상뿐 아니라 재성과 관성도 상생관계를 만들어야 합니다. 그래야 식상생재(食傷生財, 식상이 재성을 상생), 재생관(財生官, 재성이 관성을 상생), 관인상생(官印相生, 관성이 인성을 상생)이라는 흐름으로 이어집니다.

  사주에 세 가지가 고루 들어있기는 무척 어려운 일입니다. 그렇다고 걱정할 필요는 없습니다. 셋 중 어느 한 가지라도 뚜렷하게 나타나 있으면 자신에게 맞는 직업을 갖습니다. 거기에 한두 가지 요소가 가미된다면 안정된 직업을 가질 수 있겠지요.

    식상이 재성을 상생 : 식상생재
    자신의 몸을 움직여 재물을 이루는 유형입니다. 아랫사람의 마음을 잘 헤아립니다. 주로 물건을 팔고 사는 상업 활동으로 돈을 법니다.
    인성이나 관성까지 있으면 큰 기업가로 성장합니다. 식상은 독창성과 창조력을 발휘할 수 있습니다. 그래서 자신만의 기술을 개발해 전문성을 인정받기도 합니다. 이 식상의 기술은 오행의 성질에 따라 문화, 예술,

학술, 음식, 의료, 정보 등 아주 다양하게 전개되겠지요.

재성이 관성을 상생 : 재생관
재물을 다루고 조직을 관리하는 능력을 타고 났습니다.
뛰어난 경영능력으로 조직으로부터 권위를 인정받고 통제력을 행사합니다. 공공기관이나 규모가 큰 회사에서 재무나 자재를 관리합니다.
총체적 제어와 조절을 하는 것이지요.

관성이 인성을 상생 : 관인상생
지적인 업무를 맡거나 결재권을 확보하는 능력입니다.
지식과 정보가 중요한 곳에서 활동합니다. 공부를 많이 한 사람들이 얻는 직업과 연관이 있습니다. 학자나 교수가 돼 학문을 연구하거나 문서와 관계가 많은 행정기관의 공무원으로 활동합니다.

식상의 역기능

a) 자기고집만 부리고 주변과 화합하기 어렵습니다.
b) 견해가 다르면 부모나 윗사람과도 자주 충돌합니다.
c) 조직에서 화합하지 못하고 겉도는 경향이 있습니다.

식상은 일간에게 꼭 필요한 육친입니다. 그러나 지나치면 문제를 유발합니다. 사주에 관성과 인성은 부족한데 식상만 가득하면 어떨까요? 원래는 일간이 느끼는 불편을 해소해주는 고마운 식상이지만 과도하면 일간의 품격을 떨어뜨리는 역할을 합니다.

재성財星, 미지의 세계, 원더풀 라이프

관계 : 남성 (아버지, 아내)
　　　여성 (아버지, 시어머니, 시댁의 분위기, 시댁식구와의 관계)
작용 : 직장에서의 활동, 경제 활동의 목표, 여러 형태의 재산
관건 : 재성이 많으면 재물을 쌓아놓고 살까?

　재성은 식상의 활동 범위가 사회로 나아간 것입니다. 이렇게만 얘기하면 너무 막연해서 흔히 재성을 돈과 아내로 표현합니다. 재성은 일간에서 볼 때 식상보다는 거리가 멉니다. 식상은 일간의 바로 옆에 있어 쉽게 손이 닿을 수 있는 관계지만 재성은 한 단계 떨어져 있으니 그만큼 더 분석하고 노력을 해야 파악할 수 있는 관계입니다.
　일간이 재성과 문제없이 지내려면 재성을 꼼꼼하게 살피고 깊이 연구해서 관계를 긴밀히 다져놓아야 합니다. 아무런 대책 없이 그저 다가가면 재성은 일간을 반기지 않습니다. 재성의 입장에서는 자신을 이해할 수 있는 능력을 일간이 먼저 갖추고 난 다음 자신에게 손길을 건네기를 원합니다. 인성은 일간이 태어나기 전부터 있던 환경이라서 일간이 특별한 노력

을 하지 않아도 관계를 맺을 수 있습니다. 재성은 일간이 준비를 단단히 해야 닿을 수 있는 목표물입니다.

재성은 일간과 다른 속성을 가진 오행입니다. 반대쪽 특성의 오행이라 더욱 끌립니다. 우리도 누가 마음에 들면 그 사람과 교류하기 위해 미리 상대의 기호나 욕구를 파악하고 준비를 하잖아요? 일간과 재성의 관계도 똑 같습니다.

재성은 내가 사랑하는 사람, 내가 소중하게 여기는 관계입니다. 기질과 성향이 다르지만 호기심을 유발하는 대상이기도 합니다. 또 내가 차지하고픈 지위나 자리, 획득하고 싶은 명성, 극복해야할 상대이기도 합니다. 한마디로 얘기하면 일간이 만나게 될 미지의 세계입니다.

식상은 일간의 생존을 위해 꼭 필요한 육친이라면 재성은 인생을 재미있고 유쾌하게 만들어주는 육친인 셈입니다. 원더풀 라이프를 선사하는 것이지요.

재성의 순기능

 a) 일간의 경제 활동을 보장해줍니다.

명식에 재성이 없다면 일간을 불러주는 곳이 많지 않습니다. 활동할 공간이 쉽게 확보되지 않는 것이지요. 동물들도 자신의 활동영역을 표시하고 세력을 과시하는 행위를 합니다. 재성의 영역을 표시하는 것이지요.

b) 일간의 진정한 욕망을 알 수 있습니다.

재성을 알면 한 인간의 욕망을 정확하게 파악할 수 있습니다.

개인의 기질과 기호가 반영된 욕망에 접근할 수 있습니다. 우리는 모두 다른 운명을 갖고 이 세상에 나옵니다. 욕망도 모두 다를 수밖에 없습니다. 나의 욕망을 알면 내가 할 수 있는 일을 알 수 있습니다. 그러면 나만의 세계를 마련할 수 있지요. 욕구나 욕망은 비난받아야 하는 대상이 아닙니다. 개인의 자아실현과 긴밀하게 연결돼 있으니까요.

c) 공동체 속에서의 책임과 의무를 가르칩니다.

일간은 식상을 거쳐 재성까지 나아가야 독립을 맛볼 수 있습니다. 자신을 보호해주는 가정이라는 울타리를 벗어나 바깥세상의 기운을 경험하는 것이지요. 재성은 사회적 독립을 의미합니다.

맹수의 새끼도 약간의 힘과 기술만 터득하면 어미에게서 떨어져 홀로 살아갑니다. 인간도 그렇습니다. 재성이 작용하면 결혼할 대상을 찾고 부모로부터도 독립하려 합니다. 독립만 하면 그만일까요? 그렇지 않습니다. 독립은 책임과 의무의 세계로 편입된 것을 의미합니다. 권리와 이익이 아주 없는 건 아니지만 짊어져야할 의무가 훨씬 많습니다.

만약 재성이 다른 오행과 균형을 이뤄 안정돼 있으면 누릴 권리가 많겠지요. 그렇더라도 재성은 속성상 누린 것 이상으로 되갚아야할 의무가 있습니다. 공동체 속에서의 사회적 책임이 발생하는 것이지요.

재성의 역기능

    a) 일간이 약하면 공격해옵니다.

  명식은 여덟 개의 요소가 들어차 있는 건축물입니다. 이 건물에 재성이 너무 많으면 어떨까요? 어차피 자리는 여덟 곳뿐인데 재성 때문에 다른 육친이 배치될 수 없지요. 이 경우는 일간이 재성에 시달립니다. 먹을 것, 입을 것, 뛰어놀 무대를 마련해달라고 재성이 아우성을 칩니다. 이 녀석들은 참고 기다리고 이런 걸 못합니다. 그래서 건물 주인인 일간이 시원찮아 보이면 반란을 일으키지요.

  이런 사주를 재다신약(財多身弱, 재성이 너무 많아 일간이 맥을 못 추는 상황)이라 합니다. 일간의 역량에 비해 재성이 너무 많으면 재성이 요구하는 것들을 일간이 미처 처리해나갈 수가 없다는 말입니다. 이때의 재성은 재물도 아니고 권리도 아니고 다정한 아내도 아니지요. 저당 잡힌 건물이고 늘어난 부채고 나를 잡아먹으려 드는 무서운 아내일 뿐입니다. 이런 재성은 다스리기도 어렵고 관계 맺기도 어려운 무척 까다로운 대상이지요.

관성官星, 성찰하고 헤아리고 돌아보는 능력

관계 : 남성에게는 아들·딸, 여성에게는 남편·연인
작용 : 일간을 압박하는 구속이나 제약
　　　자신을 객관적으로 볼 수 있는 시선
　　　조직사회에서 자신이 위치한 좌표를 읽고 처신할 수 있는 능력
　　　욕망을 제어할 수 있는 헤아림의 능력

　재성은 일간이 다스리고 싶은 육친이지만 관성은 일간을 제어 대상으로 여깁니다. 재성은 일간이 다가가서 관계 맺고 싶어 하지만 관성은 일간의 일거수일투족을 통제하고 간섭합니다. 재성에도 사회적 책임이 깃들어 있습니다만, 그래도 재성은 책임을 느끼기 이전에 누리는 게 있었지요. 권리가 있고 그래서 발생하는 의무였습니다.
　관성은 다릅니다. 조직사회에서 자신이 위치한 좌표를 읽고 바르게 처신할 수 있는 능력입니다. 관성은 일간이 자신의 욕구나 아픔에만 골몰해 있지 않고 타자의 관점에서 자신의 욕망을 제어할 수 있는 헤아림입니다. 외부에서 자신을 바라볼 수 있는 공정한 시선입니다.
　일간은 관성이 있어야 자신의 사회적 좌표를 객관적으로 인식할 수 있습니다. 조직의 구성원으로서 규율과 규칙을 받아들이고 자신의 몫을 성실히 수행해냅니다. 일간과 관성이 조화를 이루면 일간은 원만한 품성을 갖춘 개인이 됩니다.

관성의 순기능

a) 관성이 잘 배치된 사람은 사회의 소망이나 기대에 순응하려 합니다.

b) 규제나 규칙을 지킵니다.

c) 사회적으로 인정을 받고 명예를 얻습니다.

관성의 역기능

a) 일간의 활동이 위축됩니다.

약한 일간에 관성만 너무 강하면 일간은 매사에 눈치를 보느라 일을 할 수 없습니다. 활동에 제약을 받습니다. 심하면 피해의식까지 생겨 끊임없이 시달립니다. 직장에 다니더라도 과중한 업무로 고생할 수 있습니다.

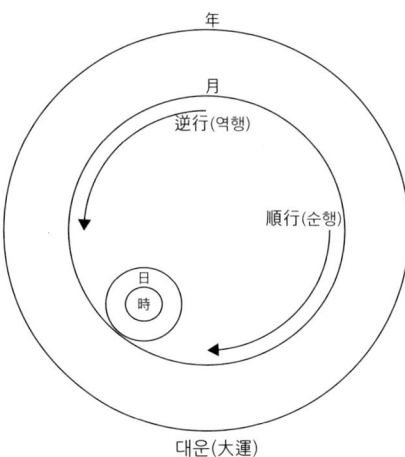

2부 | 운명을 살다

이수만, 막힌 길은 뚫고 열린 길은 넓히고

잠시 앞에서 살핀 내용을 떠올려봅시다.

먼저 명식의 구조를 보았습니다. 네 기둥과 여덟 개의 방을 따진 것이지요. 그 다음엔 간지를 살폈습니다. 육친도 보았습니다. 사주(운명방정식)를 푸는 과정이 남았습니다. 네 기둥과 여덟 개의 방에 들어있는 간지들을 어떻게 읽어내야 하는지 단계별로 따지는 작업[05]이 남았습니다.

이제 대한민국의 대표 연예기획사인 SM, YG, JYP를 설립한 사람들의 운명을 분석하겠습니다. 이수만, 양현석, 박진영의 사주를 통해 운명방정식을 푸는 방법을 낱낱이 설명하겠습니다.

SM 엔터테인먼트의 회장, 이수만부터 보겠습니다. 그는 가수, 라디오 방송 디제이, 텔레비전 쇼 프로 진행자로 왕성한 활동을 하다 80년대 중반에 미국 유학을 떠났습니다.

---

[05] 만세력에서 생년월일을 찾는 것은 따로 설명하지 않겠습니다. 생년월일시만 기입하면 사주팔자가 나오는 인터넷 만세력도 많으니 이용해보시기 바랍니다.

이수만

양력 1952년 6월 18일 출생, 신시로 추정

시	일	월	연[06]
甲	乙	丙	壬
申	未	午	辰

木	木	火	水
金	土	火	土

비겁	일간	식상	인성
관성	재성	식상	재성

대운

甲	癸	壬	辛	庚	己	戊	丁
寅	丑	子	亥	戌	酉	申	未
목	수	수	금	금	토	토	화
목	토	수	수	토	금	금	토
76	66	56	46	36	26	16	06

[06] 명식은 오른쪽에서 왼쪽으로 읽어나갑니다. 그래서 년이 아니고 연으로 표기했습니다.

운명방정식, 이렇게 푸세요

먼저 타고난 생년월일시를 만세력에서 찾아 사주(네 기둥)와 팔자(여덟 가지 요소)를 세워야겠지요. 그것을 오행으로 바꾸고 일간을 중심으로 육친을 적습니다. 남자가 양의 해에 났으니 대운은 순행하겠군요.

사주[07], 오행, 육친, 대운이 나와 있으면 운명을 분석할 수 있습니다.

음과 양의 비율을 가늠합니다

제일 먼저 할 것은 사주의 여덟 가지 요소를 따져보며 음양의 무게를 파악하는 것입니다. 운명분석에서 제일 중요한 것이 이 단계지요. 사주를 구성하는 각 요소를 음과 양으로 나눠 균형을 맞춰보는 것입니다. 음(金水)과 양(木火)의 무게를 저울질해 중화(中和)[08]를 이루었는지 아닌지를 판단하는 것이지요.

중화는 수축과 팽창이 평형을 이룬 상태를 말합니다. 오행에서 수축하는 힘은 金水로 표현되고 팽창하는 기운은 木火로 나타납니다. 사주를 분석할 때는 천간보다 지지를 중시합니다. 지지 중에서는 월지의 영향이 가장 큽니다. 월지를 지배하는 오행을 눈여겨 봐야 합니다.

---

07 사주(네 기둥)를 판단할 때는 시를 넣어야 합니다. 연월일만 넣으면 4주가 아니고 3주가 되지요. 시를 모른다고 비워놓는 것보다는 몇 가지 시를 대입해보며 이야기를 풀어가는 것이 좋습니다. 3주만 뽑아놓고 얘기하는 건 4주 풀이가 아닌 3주 풀이입니다.

08 중화는 서로 다른 성질의 것들이 모여 조화를 이룬 상태를 의미합니다.

음양의 잣대로 판단할 때 이 사주는 무게 중심이 어느 쪽으로 기울까요? 목화와 금수를 따져보지요.

시	일	월	연
木	木	火	水
金	土	火	土

목화는 4자리를 차지했고 금수는 2곳에 있습니다.
(월간, 월지, 일간, 시간) : (연간, 시지)의 비율로 목화가 많습니다.
사주에서 목화가 우세하다는 것은 팽창하는 힘이 수축하는 기운보다 강하다는 말입니다. 중화를 이루려면 금수가 필요합니다.

수와 화, 금과 목

이제 목화와 금수를 나누어 수와 화, 금과 목의 관계로 살펴봅시다.
수와 화를 보면 영향력이 강하다는 월지까지 화가 차지하고 있으니 화가 훨씬 셉니다. 수는 부족합니다. 금과 목의 관계도 약간 어긋나 있군요. 목은 일간과 시간에 있고 금은 시지에만 있습니다.
금이 있으면 좋겠네요. 주의할 것이 하나 있습니다.
이 명식에서 목은 강하지 않습니다. 자리는 두 개나 차지했지만 수의 공급을 원활하게 받지 못하다 보니 좀 지쳐 있습니다. 그렇게 생각하면 금은 절실히 필요하고 목은 조금만 보강되면 되겠네요.

토

토는 어떨까요? 연지에 진토, 일지에 미토가 보이지요.

습기를 머금은 진토와 건조한 미토가 하나씩 들어있군요.

이 명식은 금수가 필요하다고 했지요? 그럼 금수를 돕는 토(축토, 진토)는 괜찮지만 금수를 약화시키는 토(무토, 기토, 술토, 미토)가 오는 건 반갑지 않겠네요. 이것저것 고려해서 생각하는 것이 귀찮으신 분들은 그냥 토는 더 필요치 않다고 이해해도 됩니다.

음양의 균형에서 나온 결론

이 명식은 양은 더 필요치 않고 음을 보강해야 하는 구조다.

팽창하는 목화보다는 수축하는 금수를 반기는 구조다.

육친을 적용합니다

음양의 비율을 따지고 나면 육친을 살핍니다.

육친은 일간을 중심으로 발생하는 관계를 말합니다. 인성, 비겁, 식상, 재성, 관성의 다섯 가지 요소에 일간까지 더해 육친, 혹은 육친 관계라 부릅니다. 육친은 사주를 인생사에 적용하기 위해 나왔습니다. 운명을 해석해보는 것이지요. 의미를 제대로 알면 한 사람을 온전히 이해할 수 있습니다.

육친은 일간을 기준으로 정하는 것이니 일간을 제외한 일곱 곳에 표시합니다. 육친을 보면 일간을 둘러싼 환경을 속속들이 이해할 수 있습니다.

한 사람이 일생에 걸쳐 만들어내는 파장을 알 수 있습니다.

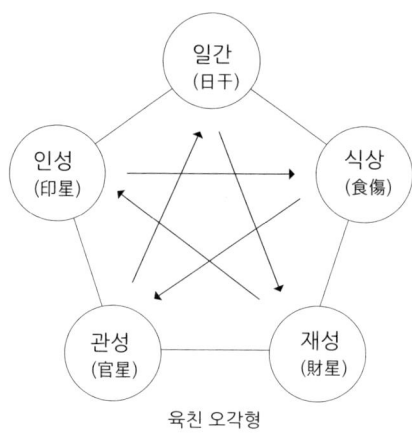

육친 오각형

```
시    일    월    연
木    木    火    水
金    土    火    土
```

비겁　일간　식상　인성

관성　재성　식상　재성

육친을 보니 일간(목)을 상생하는 인성(수)이 1개, 일간의 정체성을 강화시키는 비겁(목)이 1개, 일간의 능력을 뽐내는 식상(화)은 2개 있네요.
　일간이 상극하는 재성(토)이 2개, 일간을 제어하는 관성(금)이 1개 있습니다. 인성부터 살펴보지요.

인성

　인성은 일간을 후원하는 든든한 지지자, 배우고 익히는 기운을 의미합니다. 이 명식은 인성이 하나 있습니다. 윗사람의 보호와 기대 속에서 무난한 성장기를 보낼 수 있습니다. 학습능력도 뛰어나 주변사람들로부터 칭찬도 많이 들었을 것입니다.

　인성이 연에 있는 걸 보니 조상이 학문을 했을 수 있겠네요. 이수만은 학자의 길을 걷지 않았습니다. 명식에 인성을 압도하는 기운(식상)이 있기 때문입니다. 인성이 좀 더 강하게 나와 있었다면 교수가 되거나 연구자의 길을 걸었을 것입니다.

비겁

　이 명식에서 일간과 비겁의 관계는 어떨까요?

　일간이 을목인데 시에 갑목이 있으니 비겁이 하나 있습니다. 음양의 균형을 설명할 때 목을 잠시 언급했는데 기억나시나요? 그때 목화와 금수의 조화를 따질 때는 금수가 필요하다고 했지요. 그런 다음 목과 금의 관계에서는 금이 더 와야 하지만 목도 조금 보강되면 좋겠다고 했습니다. 목이 두 개나 있는데도 목을 강화할 필요가 있다는 건 일간이 그렇게 강한 나무가 아니라는 얘기지요.

　을목은 시의 갑목이 없으면 마땅히 기댈 데가 없습니다. 연에 임수도 있고 촉촉한 흙도 있지만 월에 이글거리는 불기둥이 있다 보니 연의 기운이 일간까지 잘 전해지지 않습니다. 그런 처지에 의젓한 갑목이 시에 있으니 을목은 갑목과 함께 나무가 뿜어낼 수 있는 온갖 재주를 발산할 수 있습니다.

을목이 자신의 역량을 걱정 없이 발휘할 수 있는 것은 갑목이 방향을 제시해주기 때문입니다.

식상

이제 이 사주에서 가장 힘이 센 식상을 봅시다.

식상(화)이 월주를 지배하고 있어 무척 강력합니다. 그래도 연에 인성이 있고 시에는 관성도 있어 식상이 일간의 품위를 손상시키지 않습니다. 일간 역시 무턱대고 재주와 능력을 펼쳐보이지는 않습니다. 자기 감각, 자기 기질, 자기 재능을 믿고 일을 추진하되 주변 상황이나 분위기와 조화를 이루기 위해 신경을 씁니다.

  식상의 순환

식상만 있으면 직업이 생기고 사업도 성공하고, 사람들로부터 환영받고 큰돈도 벌 수 있을 것 같지만 절대 그렇지 않습니다. 식상이 나아갈 곳, 재성도 있어야 합니다. 이수만의 식상은 火였지요? 화 식상이 향하는 곳은 토 재성이 되겠네요. 명식을 보면 식상을 받아줄 토 재성이 있습니다.

그럼 식상생재(식상이 재성을 상생), 즉 자신의 몸을 움직이거나 아이디어를 이용해 재물을 이루겠지요? 독창성과 창조력을 발휘할 수 있는 빼어난 식상이 있으니 전문성을 인정받습니다.

식상의 기술은 오행의 성질에 따라 문화, 예술, 학술, 음식, 의료, 정보 등 아주 다양하게 전개됩니다. 이수만은 일간 목이 화 식상으로 나아갔으니 방송연예 부문에서 두각을 나타낸 것으로 이해할 수 있습니다.

인성과 관성이 있으니 실력 있는 사업가로 성장할 수 있습니다.

재성

재성도 따져보지요. 상당한 자산가로 거론되는 사람이니 독자들도 이 사주의 재성에 관심이 많을 것입니다.

일간이 목이니 재성은 토가 됩니다. 음양의 균형을 살필 때 토는 더 필요치 않다고 했습니다. 혹 온다면 습기를 머금은 흙이어야 한다고 했지요. 마른 흙이 오는 것은 명식의 균형을 방해할 뿐입니다.

이수만이 수천억을 소유한 부자가 된 건 어떻게 설명할 수 있을까요?

이 사주는 식상의 힘이 셉니다. 일간은 식상의 위력을 믿고 끝없이 나아갈 뿐입니다. 이런 경우는 일간이 재물에 관심이 있어 돈을 벌어들인다기보다는 자신의 능력을 확인하는 잣대로 재성을 이용하는 것으로 봐야합니다. 특히 방송연예 방면으로 진출하다 보니 일의 승패가 비용 대 수익으로 평가돼 많은 돈을 벌었을 것입니다.

그러나 목과 토의 관계를 보면 재산을 쉽게 형성하는 구조는 아닙니다. 우리 눈에는 사업이 잘돼 큰 성공을 거두고 돈이 돈을 낳아 거부가 된 것처럼 여겨져도 명식을 보면 돈을 버는 과정이 어렵고 힘들었음을 짐작할 수 있습니다. 동종 업계에 종사하는 경쟁자들과 비교해보더라도 제일 고단하게 돈을 벌었을 것입니다.

관성

일간이 목이니 관성은 금이지요. 연월일까지는 목을 제어하는 금이 없군요. 식상이 강한 구조니 관성 금이 있는 게 좋겠지요? 관성이 없으면 자신을 성찰할 수 없습니다. 자기조절이 잘 안 됩니다. 자기 기분대로 행동하기 쉽습니다.

다행히 시에 申금이 보입니다. 위치도 일간과 가까운 곳이다 보니 일간으로서는 자신의 일거수일투족을 지켜보는 관성을 의식하지 않을 수 없겠네요.

육친에서 얻은 결론

인성과 관성, 비겁이 오면 명식의 순환이 일어난다. 식상(화)이 강한 구조라 일간(목)은 자신의 기량을 발휘하고 싶다. 그러나 습토에 뿌리를 내린 나무가 아니다 보니 에너지가 많지 않다. 인성(수)이 오면 나무가 힘을 얻는다. 관성(금)이 오면 식상(화)과 재성(토)을 조절할 수 있다. 비겁(목)이 오는 것도 나쁘지 않다.

일간을 탐색합니다

일간은 한 개인의 정체성을 가장 강하게 드러냅니다.

일간을 살피면 한 사람의 내면을 이해할 수 있습니다. 이수만의 일간은 乙木이지요. 을목은 여러 갈래로 벌어지며 휘는 곡曲의 성품을 가졌습니다. 을목은 변화하는 환경에 부드럽게 대처하면서 섬세한 아름다움을 발휘할 수 있습니다.

끈질긴 생명력

흔히 갑목은 큰 나무로 보고 을목은 화초나 꽃나무에 비유해 을목을 유약하다고 생각하기 쉽습니다. 그것은 을목의 내면을 모르고 하는 소리지요. 을의 생명 의지와 환경적응력은 대단합니다. 글자 乙의 모양을 봐도 땅에 붙어서 비바람을 이겨내며 잘 자랄 것 같지 않나요?

을목은 생명을 위협하는 金이 짓밟아도 옆으로 비켜나 살아남을 수 있습니다. 잡초와 같습니다. 겉은 약해 보여도 속은 강인한 생명력이 자리 잡고 있습니다.

가르치고 배우는 기운

나무가 水를 흡수하는 과정은 배우고 익히는 활동으로 이해할 수 있습니다. 水는 지식과 정보를 의미하는데 위로만 향하는 꼿꼿한 갑목에 비해 유연하게 자라는 을목은 학습능력에서도 다양한 방향성을 드러냅니다.

공부만 잘 하는 것에서 만족하지 않습니다. 예체능에서도 타고난 재주를 펼치려 합니다.

미적 감각

  목은 원래 火를 좋아합니다. 생명력을 뿜어내려니 당연히 화가 있어야 겠지요. 을목이 화에 끌리는 이유는 좀 특별합니다. 을목은 단순히 자라는 것에만 관심을 두지 않습니다. 아름다움을 추구하는 속성이 있거든요. 을목은 글을 쓰거나 그림을 그리거나 무대를 꾸미거나 디자인을 하는 등 섬세한 감각이 요구되는 작업에서 능력을 발휘합니다.

갑목과 을목의 협응

  이수만은 시에도 나무가 있습니다. 일시에 나무가 나란히 나와 있지요. 일간은 생명력이 강한 을목이 있고 시간에는 태양을 향해 당차게 솟아오르는 갑목이 자리를 잡았습니다.

  원래 같은 오행은 서로 경쟁관계에 있어 별로 좋아하지 않는데 을목은 갑목을 좋아합니다. 바르고 곧게 자라는 갑목에 의지해 넝쿨을 뻗을 수 있기 때문이지요. 이렇게 되면 을목은 갑목에 의지해 자신이 할 수 있는 최상의 활동을 펼쳐나갑니다. 더욱이 월주에는 최대로 발산하는 태양의 빛, 순식간에 사방으로 퍼져나가는 병화가 있으니 일간은 자신이 생각하는 것들을 하나하나 구현할 수 있습니다.

부족한 오행이 무엇인지 판단합니다

사주공부를 해본 사람은 용신이라는 말을 들어 보았을 겁니다. 용신을 운의 좋고 나쁨을 따지는 길흉의 판단으로만 이해하는 사람들이 많습니다. 용신은 사주에서 꼭 필요로 하는 오행입니다. 명식에서 음양의 균형을 맞추려면 있어야 하는 오행이지만 아쉽게도 아예 없거나 혹 있다 하더라도 부족한 경우, 사주의 순환을 책임지는 오행이 용신이 됩니다.

용신도 음양의 조화, 음양의 균형과 다르지 않습니다. 사주를 분석할 때는 따로 용신을 찾으려 하지 말고 음양의 균형을 잘 살피면 됩니다.

목화는 팽창하는 기운이고 금수는 수축하는 기운입니다. 그것을 다시 줄이면 화와 수로 표현할 수 있다고 했지요. 복잡다단한 변화가 일어나는 이 세상도 단순하게 보면 수와 화가 변화를 일으키며 돌고 도는 것으로 이해할 수 있습니다.

음양의 조화를 다시 살펴보지요.

시	일	월	연
木	木	火	水
金	土	火	土

水와 火의 관계

이 사주는 火는 충분하고 水는 부족합니다.

연에 나무의 갈증을 해결해줄 시원한 물, 임수가 의젓한 모습을 하고 일시 쪽을 보고 있지만 월에 강한 화가 가로막고 있습니다. 연의 기운이 일시로 잘 전달되기 어렵습니다.

金과 木의 관계

금은 절실히 필요합니다. 목은 조금만 보강해주면 됩니다.

목은 수가 들어오는 운에서 힘을 발휘합니다.

용신(구세주 오행)은 金과 水

이 명식이 균형을 이루려면 금과 수가 있어야 합니다. 용신이라는 과정을 만들어 설명했지만 결론은 음과 양의 균형으로 돌아왔습니다. 금이 지배하는 가을대운과 수가 위력을 떨치는 겨울대운이 오면 일간이 바라는 것들을 이룰 수 있습니다.

지금까지 이수만 명식의 구조를 낱낱이 분석했습니다. 처음 한 것은 음양의 균형을 따졌습니다. 금수와 목화를 나누어 접근했고 수와 화, 금과 목의 관계를 보았습니다. 다음은 육친을 살폈습니다. 그의 운명을 인성, 비겁, 식상, 재성, 관성의 시선으로 관찰했습니다. 인식의 주체인 일간을 보았고 부족한 오행도 찾았습니다. 이 과정을 통해 하나의 결론을 얻었습니다.

〈이 명식에 순환이 일어나려면 금수가 있어야 한다. 습토도 쓰임이 있고 목도 도움이 된다.〉

대운, 人生의 사계절

운명방정식을 분석했으니 대운도 따져봐야겠지요.

대운大運은 일간이 바라보는 시간이며 일간이 걸어가는 인생길입니다.

한 사람이 평생에 걸쳐 봄여름가을겨울이라는 순환주기를 만나는 것입니다. 이수만의 대운은 순행하고 6세에 바뀝니다. 여름에서 시작해 가을, 겨울을 통과하고 봄, 여름으로 흘러갑니다.

대운진입 전

이수만은 3남 중 막내로 1952년 6월 18일 부산에서 태어났습니다. 조부는 한학자였고 부친은 수학물리를 전공하고 교사 생활을 했습니다. 모친은 피아노를 공부한 다음 음악교사로 활동했습니다.

서울에서 생활하던 부부는 전쟁이 나자 두 아들을 데리고 부산으로 갔습니다. 다행히 모친과 친분이 있는 분이 부산에서 고아원을 운영하고 있어서 방 하나를 빌려 생활했습니다. 모친은 그 방에서 셋째 아들을 낳았습니다.

대운

乙	甲	癸	壬	辛	庚	己	戊	丁
卯	寅	丑	子	亥	戌	酉	申	未

목	목	수	수	금	금	토	토	화
목	목	토	수	수	토	금	금	토
86	76	66	56	46	36	26	16	06

정미丁未대운 (여름대운의 끝) : 6세~15세 (1958~1967)

천간은 화, 지지는 토가 지배하는 여름대운입니다. 일간이 한창 성장하는 시기인데 서늘한 기운이 들어오지 않았네요. 성장 발육이 왕성하게 일어나기는 어렵겠습니다. 그래도 명식의 연에 일간을 지켜주는 인성이 있으니 가정과 사회로부터 탄탄한 보호를 받습니다. 공부 잘하는 영특한 아이로 자랄 것입니다. 일간이 木이니 연결하고 접속하는 능력을 발휘해 친구들과도 잘 어울리며 무난한 학창시절을 보낼 수 있습니다.

무신 기유 경술戊申 己酉 庚戌로 이어가는 30년 가을대운

명식에 건조한 기운이 많아 금수가 필요한데 금이 지배하는 가을대운이 왔습니다. 일간의 활동이 다양하게 전개되겠네요. 화 식상이 토 재성으로 향하고 토 재성은 금 관성으로 이어질 것입니다. 가을대운은 일간이 여러 가지 작업들을 시도해보는 시간입니다. 하지만 성과가 곧바로 드러나기는 어렵습니다. 이 기간 중에 쏟아 부은 노력은 수가 작동하는 겨울대운이 되어야 결실로 돌아올 것입니다.

무신戊申대운 (가을대운의 시작) : 16세~25세 (1968~1977)

천간은 토, 지지는 금이 작동하는 가을대운입니다. 마른 무토가 부담스럽지만 대운이 가을이라 문제가 되지는 않습니다.

이 시기에 그는 고등학교와 대학교를 다녔습니다. 고등학교(68년~70년)에서는 음악 그룹을 만들어 활동했고 대학에 가서도 음악다방에서 기타를 치며 노래를 불렀습니다. 또 싱어송라이터 백순진을 만나 함께 음반도 내고 방송활동도 했습니다.

음악 활동

이수만은 모친이 성악과 피아노를 공부했지요. 그렇다면 음악적 감수성을 어느 정도는 물려받았다고 할 수 있겠습니다. 그러나 그것만으로 가수 활동을 하기는 어렵습니다. 명식을 보면 악기를 다루고 노래를 부르는 이미지가 잘 그려지지 않습니다.

음악을 하는 사람들은 금수가 탄탄해야 합니다. 금이 수로 매끄럽게 이어져야 합니다. 이 과정이 이수만의 연월일시에서는 순조롭지 않습니다.

답은 대운에 있습니다. 대운이 가을(금이 작동)과 겨울(수가 작동)로 이어지다 보니 일간의 활동이 음악 쪽으로 펼쳐졌습니다.

기유己酉대운 (가을대운의 한복판) : 26세~35세 (1978~1987)

가을대운 중에서도 서늘함이 가장 강한 시기입니다. 천간은 여전히 토가 있네요. 그래도 금이 지배하는 때니 토가 비쳐도 일간은 주눅 들지 않고 자신의 길을 개척해나갑니다. 게다가 이번에 온 기토는 부드러운 흙입니다. 무토에 비하면 생명친화적인 흙이니 크게 긴장할 필요는 없겠네요.

유학생활과 MTV

81년 2월에 그는 미국으로 유학을 떠났습니다. 처음에는 공업경영학을 공부하기 위해 플로리다로 갔다가 곧 마음을 바꿔 캘리포니아 주립 노스리지 대학으로 옮겼습니다. 그곳에서 4년 동안 컴퓨터 공학을 공부해 85년 5월, 석사 학위를 취득했습니다.

월주에 강한 화, 병오가 있으니 컴퓨터를 다룰 만하지요.

이수만이 유학생활을 시작할 즈음, 미국에는 24시간 내내 음악만 내보내는 MTV(음악 전문 케이블 티브이)가 생겼습니다. 그는 MTV를 보며 이제 음악이 귀로 듣는 차원을 넘어 보는 음악, 아니 볼거리를 만들어내는 음악으로 변모해간다는 것을 간파했습니다. 대중의 음악적 취향이 완전히 달라지고 있음을 알아챘던 것이지요. 그의 관심사도 자연스레 음악과 컴퓨터를 결합하는 쪽으로 흘러갔습니다.

활동 재개

학과 공부를 하고 MTV를 보며 한국에 돌아가서 할 일을 구상하던 중에 디자인을 공부하던 아홉 살 연하의 여성을 만나 혼인을 했습니다. 대운 천간에 재성이 있으니 마음에 맞는 이성과 교제를 하고 결혼까지 이어졌겠지요.

귀국한 다음은 인천 월미도에서 음악 전문 카페 '헤밍웨이'를 운영했습니다. 또 컴퓨터 음악 전문 밴드(cpu)를 만들어 잠시 활동했습니다. 틈틈이 방송프로그램도 진행하며 입담과 재치까지 겸비한 방송 진행자라는 평가도 얻었습니다.

경술庚戌대운 (가을대운의 끝) : 36세~45세 (1988~1997)

겨울대운으로 가기 전에 만나는 마지막 가을입니다. 지지에 술토가 보이지요. 이수만은 명식의 연과 일에 토가 있습니다. 연지에는 진토, 일지에는 미토가 나와 있지요. 경술대운에는 술토까지 들어옵니다. 진토, 미토, 술토가 모여 있으니 조금 어수선해 보입니다. 게다가 서로 다른 속성의 흙들이다 보니 약간의 부대낌은 예상할 수 있습니다.

일간이 최선을 다해 자신의 영역을 넓혀가는 중에도 크고 작은 실수를 하고 실패를 경험할 수 있음을 암시하는 부분입니다. 이런 경술대운의 활동을 발판삼아 수가 작동하는 겨울대운이 오면 일간은 많은 것을 이룰 수 있습니다.

SM기획

89년 2월부터 이수만은 SM기획을 만들어 가수를 발굴하고 키워내며 음반 제작에 나섰습니다. 자신이 기획한 현진영의 두 번째 앨범이 80만 장 이상 팔렸지만 92년 가을, 레코드 회사가 부도나는 바람에 음반 판매대금을 한 푼도 건지지 못하고 고스란히 날렸습니다. 이 일을 계기로 그는 대중음악의 기획과 제작, 유통까지 총체적으로 관리할 수 있는 시스템을 생각하고 하나하나 실현해나갑니다. 또 급변하는 정보통신 기술을 지켜보면서 대중이 음악과 만나는 경로가 음반에 한정되지 않을 거라는 확신을 갖습니다.

SM엔터테인먼트

95년 2월에는 SM엔터테인먼트를 설립했습니다. 이후 보이 그룹과 걸 그룹을 키워내며 영향력 있는 연예기획사로 명성을 쌓아갑니다.

94년과 96년에는 아들이 태어났습니다. 자식은 관성이지요. 경술대운은 관성 금이 천간에 분명하게 보이는 때니 아들자식을 얻을만합니다.

96년에는 보이 그룹 HOT, 97년에는 걸 그룹 SES를 데뷔시켜 대형 연예기획사로서의 발판을 마련합니다.

신해 임자 계축 辛亥 壬子 癸丑으로 이어가는 30년 겨울대운[09]

신해대운 (겨울대운의 시작) : 46세~55세 (1998~2007)

임자대운 (겨울대운의 한복판) : 56세~65세 (2008~2016)

계축대운 (겨울대운의 끝) : 66세~75세 (2017~2026)

금의 계절, 가을이 가고 수가 작동하는 겨울대운을 맞았습니다.

물이 부족해 마음껏 성장할 수 없었던 을목이 태어나서 처음으로 출렁이는 물살을 만났습니다. 갑목이 있어 개척자 정신을 지녔고 병화와 오화가 있어 순발력과 기지를 발휘할 수 있는 일간이 자기 세상을 만난 것이지요.

원래 수가 지배하는 겨울은 공기는 차갑고 땅은 꽁꽁 얼어 있어 목이 성장하기 어렵습니다. 이수만의 경우는 다릅니다. 그의 사주는 겨울을 반깁니다. 월주에 병오가 있는데 두려울 게 없지요. 넘쳐나는 물을 일시의 목이 잘 빨아들여 병오로 연결시킵니다. 수생목의 과정을 거쳐 목생화의 단계까지 순조롭게 나갑니다. 명식의 열기를 누그러뜨려 수와 화의 균형을 이룹니다. 그에게 겨울은 추진해오던 일들이 하나하나 실현되는 시간입니다.

---

09 겨울대운은 현재 진행 중이고 아직 많이 남아있어 10년 단위로 분석하지 않겠습니다.

수와 토

살펴본 것처럼 일간 목은 겨울대운의 공기를 잘 빨아들였습니다. 수를 갈망하던 나무였으니 당연한 일이지요. 수와 토의 관계는 어떨까요? 연지의 진토는 습토라 수를 감당합니다. 일지의 미토는 건조한 흙입니다. 수가 오면 흔들릴 수 있습니다. 토는 재성이지요. 관계로는 아내를 나타냅니다. 특히 일지는 배우자의 자리입니다.

이수만은 2014년(임자대운 갑오년)에 배우자를 잃었습니다. 겨울대운 중 신해대운의 해수는 미토를 자극하지 않습니다. 오히려 미토와 결합해 목을 강화시킵니다. 임자와 계축은 다릅니다. 미토는 자수가 와도 불편하고 축토가 와도 불안합니다.

결실의 겨울

이수만은 겨울대운에 많은 것을 이루었습니다.

신화, 플라이 투 더 스카이, 보아, 동방신기, 슈퍼주니어, 소녀시대, 샤이니, f(x), EXO 등 많은 팀을 스타로 키워냈습니다.

한류라는 흐름이 형성된 데에는 그의 역할이 컸습니다. SM이 일본 시장과 중화권 시장의 문을 열어 젖혔기에 이후 한국 연예인들의 해외진출이 수월해졌습니다.

SM은 엔터테인먼트 업계 최초로 코스닥 시장에도 진출했습니다.

물론 사건과 사고도 많았습니다. SM에서 오래 재직한 직원이 소속 연예인들을 데리고 나가 팀을 만들어 회사에 타격을 입힌 일도 있습니다.

이수만도 자본금 확충(99년 여름의 일)이 문제가 돼 공금횡령 건으로 징역형을 선고받기도 했습니다. 그래도 명식의 순환이 일어나는 겨울대운이라 모두 극복하고 앞으로 나아갑니다.

수생목의 시간

이수만은 일간이 을목이지요?

을목이 가을과 겨울을 통해 화 식상을 마음껏 발산했습니다. 금과 수가 작동하는 시간에 목이 화를 잘 활용했던 것이지요. 그렇다면 남은 시간은 수에서 목으로 가는 과정의 일을 하는 것도 좋겠군요. 특히 계축대운이 지나면 목이 탄탄해지는 인묘진 봄대운이 옵니다. 글로 기량을 발휘하는 문필가로서의 활동도 기대해볼 수 있습니다.

다음은 YG 엔터테인먼트의 대표 양현석입니다.

양현석, 대상을 가리지 않고 감싸 안는 흙

이제 살펴볼 운명은 YG 엔터테인먼트의 대표 양현석입니다.

그는 백댄서와 안무가로 활동하다 '서태지와 아이들'을 결성해 대단한 인기를 얻었습니다. 팀이 해체되자 연예기획사를 만들고 본격적인 프로듀서의 길을 걸었습니다.

그의 명식을 음양의 균형, 육친, 일간, 부족한 오행 순으로 하나하나 따져보겠습니다. 그 과정이 끝나면 대운(인생의 사계절)까지 분석하겠습니다.

양현석

양력 1970년 1월 9일 출생, 술시로 추정

시	일	월	연
甲	己	丁	己
戌	丑	丑	酉
木	土	火	土
土	土	土	金

관성	일간	인성	비겁
비겁	비겁	비겁	식상

대운

己	庚	辛	壬	癸	甲	乙	丙
巳	午	未	申	酉	戌	亥	子
토	금	금	수	수	목	목	화
화	화	토	금	금	토	수	수
71	61	51	41	31	21	11	01

운명방정식, 이렇게 푸세요

먼저 타고난 생년월일시를 만세력에서 찾아 사주(네 기둥)와 팔자(여덟 가지 요소)를 세워야겠지요. 그것을 오행으로 바꾸고 일간을 중심으로 육친을 적습니다. 남자가 음의 해에 났으니 대운은 역행합니다.

음과 양의 비율을 가늠합니다

제일 먼저 할 것은 음양의 무게를 살펴야겠지요.
팽창하는 기운을 가진 木火와 수축하는 기운의 金水를 비교해보는 것입니다. 음양의 잣대로 판단할 때 이 사주는 무게 중심이 어느 쪽으로 기울까요? 목화와 금수를 따져봅시다.

시	일	월	연
木	土	火	土
土	土	土	金

목화는 2개, 금수는 1개 있습니다. (월간, 시간) : (연지)의 비율로 금수보다 목화가 많습니다. 중화를 이루려면 금수가 필요합니다.
이제 목화와 금수를 나누어 수와 화, 금과 목의 관계로 살펴봅시다.

수와 화, 금과 목

　수는 아예 없고 화만 있습니다. 수가 부족합니다.

　금은 연지에 있고 목은 시간에 있습니다. 그럼 금과 목은 균형을 갖추었다고 봐야할까요? 이 문제는 토를 따져보고 나서 생각하는 게 좋겠습니다.

너무 많은 토

　이 명식은 토가 많습니다. 여덟 자리 중에 다섯 곳이나 차지했지요. 토의 기세가 무척 강합니다. 명식의 안정을 방해하고 있습니다.

　이 토를 어떻게 다스리면 좋을까요? 가장 자연스런 방법은 금으로 내보내는 것입니다. 토생금의 관계를 이용하는 거지요. 그다음은 목으로 대처하는 방안도 생각할 수 있습니다. 목극토의 과정입니다. 하지만 두 가지 모두 쉽지 않겠군요. 토에 비하면 금과 목은 허약하기 짝이 없습니다. 토를 제압하기는커녕 자신들의 위치도 위협받고 있습니다.

　명식이 균형을 이루려면 금도 필요하고 목도 있어야겠군요. 음양의 균형에서 얻은 내용을 정리해봅시다.

결론

　양은 더 필요치 않고 음을 보강해야 한다. 팽창하는 목화보다는 수축하는 금수를 반긴다. 다만 많은 토를 다스리기 위해 목도 필요하다.

　금수목이 있어야 한다.

육친을 적용합니다

음양의 비율을 따졌으니 육친을 살펴야겠지요.

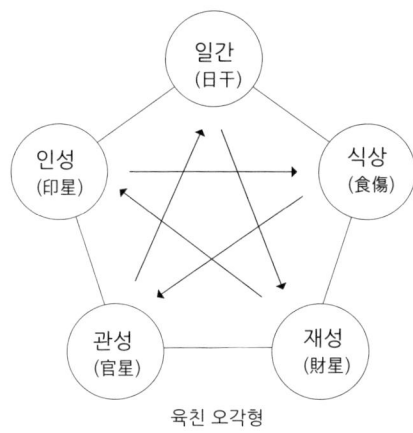

육친 오각형

시	일	월	연
木	土	火	土
土	土	土	金

관성	일간	인성	비겁
비겁	비겁	비겁	식상

육친을 보니 일간(土)을 도우는 인성(火)이 1개, 일간과 성향이 같은 비겁(土)은 무려 4개나 됩니다. 일간의 역량을 드러내는 식상(金)은 1개 있습니다. 또 일간이 상극하는 재성(水)은 보이지 않네요.

일간을 제어할 관성(木)은 시에 1개 있습니다. 인성부터 살펴보지요.

인성

인성이 월에 있습니다. 배우고 익히는 기운이 월에 배치돼 있으니 일간이 학습할 환경은 갖추어진 셈입니다. 그러니 일간은 자신을 인도해주는 인성(윗사람, 부모)을 믿고 착실하게 공부만 하면 될 것 같지요? 위치도 일간과 붙어있는 월간이잖아요? 그게 쉽지 않습니다. 사정을 알아봐야겠지요.

　인성을 압도하는 비겁

이 사주에서 인성은 비겁에 둘러싸여 있습니다. 일간에게 공부하라고 타이르는 인성의 숫자보다 어울려 놀자고 꼬드기는 비겁의 숫자가 월등히 많습니다. 인성의 목소리보다는 비겁들의 외침이 훨씬 크다는 것이지요. 당연히 일간의 마음도 비겁 쪽으로 기웁니다. 책상 앞에 앉아 책장을 넘기고 싶을까요?

일간과 닮은 비겁이 많으니 엉덩이가 들썩거립니다. 차분히 앉아 있을 수가 없지요. 친구들과 무리지어 쏘다니기 바쁩니다.

비겁

비겁은 일간과 오행이 같은 것이지요.

양현석은 토가 일간이고 그의 사주에는 토가 많았지요. 그렇다면 일간과 비겁의 관계는 어떨까요?

시	일	월	연
木	土	火	土
土	土	土	金

관성	일간	인성	비겁
비겁	비겁	비겁	식상

토가 정말 많지요? 일간이 기토인데 연간과 월지, 일지, 시지에 비겁 토가 보입니다. 비겁이 너무 많으면 경쟁할 일이 많습니다. 서로 힘겨루기를 하는 거지요. 사소한 것에도 순위를 매기려 하고 서열을 정하고 싶어 합니다.

양현석이 길거리나 골목, 주차장, 공터 등에서 동료들과 춤 실력을 겨루는 광경을 떠올려보기 바랍니다.

식상

이 명식은 식상(금)이 약합니다. 많은 토에 비해 금이 하나만 나와 있으니까요. 그래도 위치가 연이라 다행스럽습니다. 식상이 연에 있으면 일간의 재능이 빨리 드러납니다. 자신이 무엇을 하고 싶은지 일간 스스로 빨리 알아챌 수 있습니다.

일간이 나아갈 방향을 알았다고 해서 일이 술술 풀리지는 않습니다. 많은 토가 문제를 일으키지 않고 일간의 뜻을 따라주려면 운에서 金

水가 들어와야 합니다.

　이 사주도 식상생재(식상이 재성을 상생한다)로 돈을 버는 구조입니다. 자신의 몸을 움직이거나 아이디어를 이용해 재물을 얻을 것입니다. 그런데 좀 이상하지요? 일간이 토니 재성은 水인데 드러난 재성은 보이지 않잖아요? 이 문제는 재성에서 얘기하는 게 낫겠습니다.

재성

　이수만 명식을 설명할 때 식상만 있으면 안 되고 식상이 나아갈 곳, 재성도 있어야 한다고 했지요?
　양현석은 일간이 토니 식상은 금입니다. 재성은 수가 되겠지요. 명식을 보면 눈에 띄는 재성은 없습니다만, 숨은 재성이 있습니다. 월지와 일지를 차지한 축토 속에 수가 깃들어 있거든요. 식상을 받아줄 재성이 아주 없는 건 아니군요. 그러나 숨은 재성으로 세인의 입에 오르내릴 정도의 자산가가 될 수는 없습니다. 답은 대운에 있습니다. 대운에서 40년 이상 수가 이어졌기 때문입니다.
　이수만 편에서 식상의 기술을 얘기했습니다.
　오행의 성질에 따라 문화, 예술, 학술, 음식, 의료, 정보 등 아주 다양하게 전개된다고 했지요. 이수만은 일간 목이 화 식상으로 나아갔기에 방송 연예 부문에서 두각을 나타냈다고 보았습니다.
　양현석은 어떨까요?

방송연예활동

그의 식상은 금이고 재성은 수니 식상생재가 맞습니다. 그런데 목과 화가 아닌 금과 수로 어떻게 방송연예 쪽으로 진출했을까요? 이것은 식상생재에서 재생관, 관인상생까지 이어졌기 때문입니다. 즉 금(식상)은 수(재성)로 향하고 수(재성)는 목(관성)으로 이어지고 목(관성)은 화(인성)로 순조롭게 연결됩니다. 이런 흐름을 대운과 명식(월간의 인성과 시간의 관성)이 서로 주거니 받거니 하며 잘 풀어나간 것이지요.

방송연예라는 영역은 같지만 이수만의 활약은 식상의 기술로 보아야 하고 양현석의 활동은 관성과 인성의 작용으로 접근할 수 있습니다.

양현석도 이수만처럼 식상을 활용하되 인성과 관성이 있으니 사업가로 성장할 수 있었겠지요.

사주의 결함을 해결하는 재성

이수만의 경우는 식상의 힘이 강했습니다. 그래서 일간은 식상의 위력을 믿고 끝없이 나아간다고 했지요. 일간이 재물에 관심이 있어 돈을 벌어들인다기보다는 자신의 능력을 확인하는 잣대로 재성을 이용하는 것으로 유추했습니다.

양현석은 비겁의 세력이 막강합니다. 이 경우는 재성이 많으면 좋겠지요. 어중간하게 들어오는 재성은 일간과 비겁과의 분란만 만듭니다. 일간이 필요로 하는 것들은 비겁도 원하기 때문이지요.

명식에 근거해 재물을 형성하는 과정을 판단하면 양현석이 이수만보다는 수월해 보입니다. 이것은 목과 토의 관계(이수만)와 토와 수의 관계(양현석)를 떠올려보면 알 수 있습니다. 일간이 목인 이수만 명식은 토 재성이 명식의 균형을 방해하는 반면, 일간이 토인 양현석의 사주는 수 재성이 명식의 조화를 이루기 때문이지요.

관성

일간이 토니 관성은 목이지요. 연월일까지는 비겁만 잔뜩 나와 있을 뿐 토를 다스릴 목이 없습니다. 관성은 식상이 강해도 있어야 하고 비겁이 많아도 필요하지요. 관성이 없으면 자신을 성찰할 수 없습니다. 자기 조절이 잘 안 됩니다. 자기 기분대로 행동합니다. 다행히 시에 갑목이 보입니다. 비겁이 많은데 관성이 시에 있군요. 이런 경우는 자랄 때는 말썽을 부려도 커가면서 예의를 차리고 품위를 지킵니다.

〈이수만 평전〉[10]에는 양현석과 박진영의 어린 시절 이야기도 실려 있는데요. 양현석 부분에서는 이런 내용이 있습니다.

"그는 동네 목욕탕 앞에 주차된 자동차에 모래를 뿌리고 그 위에서 놀다가 차에 큰 흠집 냈는데 부모가 차량에 입힌 피해를 1년이나 걸려서 가까스로 배상했던 일도 있다. 어느 날인가는 옆집에 살고 있는 경찰관이 집에 수갑을 두고 갔는데 그는 그것을 자기 팔에 찼다가 풀지 못해서 종로경찰서까지 가서 겨우 풀었던 일도 있었다. 동네 유리창을 박살내는 것은 예삿일이었다."

10   이 책에는 이수만 이야기뿐 아니라 대한민국 문화산업의 발전과정이 상세하고도 풍부하게 나와 있습니다. 방송연예 쪽에서 활동할 사람이라면 반드시 읽어보시기 바랍니다.

동네에서도 알아주는 악동이었던 그가 성공한 엔터테인먼트의 수장이 된 데에는 운도 가세했다고 봐야 합니다. 대운에서도 관성 목이 20년간이나 이어졌거든요. 그러다 보니 자기 기질을 발산하면서도 외부의 시선을 의식해 행동했겠지요.

육친에서 얻은 결론

토 일간이 비겁이 많아 식상 금, 재성 수, 관성 목이 필요하다.
명식의 요소만으로는 부족하고 대운에서 금수목이 들어오면 일간이 기대하는 것들을 이룰 수 있다.

일간을 탐색합니다

일간은 한 개인의 정체성을 가장 강하게 드러냅니다.
일간을 살피면 한 사람의 내면을 이해할 수 있습니다.
양현석의 일간은 己土지요. 土는 원래 목화금수를 가리지 않고 감싸 안습니다. 土 중에서도 기토는 촉촉하고 부드러워 생명 친화적인 땅입니다. 대상이 마음에 안 든다고 쉽게 내치지 않습니다. 생명이 걱정 없이 기댈 수 있습니다.
YG는 소속 연예인을 차별 없이 대하는 것으로 알려져 있는데요. 그렇다면 양현석의 일간이 목화금수를 모두 포용하는 土라는 것과도 무관하지는 않을 것 같군요. 土의 속성을 좀 더 살펴보지요.

질서를 부여하고 중용을 실천합니다

　마음이 큰 토는 자신을 필요로 하는 대상을 거부하지 않습니다. 만물을 가리지 않고 포용하되 나름의 법칙을 정해 교통정리를 하는 것이지요.

생명이 깃들 수 있는 터전이 됩니다

　토가 없다면 홍수가 나도 막을 수 없습니다. 토가 없으면 불씨는 꺼지고 나무는 뿌리를 내릴 수 없습니다. 토의 기반이 있어야만 생명을 이어갈 수 있지요.

확고한 믿음이 있습니다

　토는 나아갈 때와 멈추어 쉴 때를 알아 자신의 흐름을 유지해 나갑니다. 누가 뭐라고 해도 자기 판단을 믿고 일을 진행합니다.

　여기서 잠시 지나온 과정을 떠올려봅시다.
　운명방정식에서 제일 처음 다룬 건 음양의 균형이었습니다. 그다음은 육친을 따졌고 좀 전에는 일간을 탐색했습니다. 이제 부족한 오행을 찾아보겠습니다.

부족한 오행이 무엇인지 판단합니다

음양의 조화를 다시 살펴보지요.

木 土 火 土
土 土 土 金

水와 火의 관계

이 사주는 火보다는 水가 필요합니다.
월지와 일지의 축토 속에 깃든 수로는 어림도 없지요.

金과 木의 관계

금은 절실히 필요합니다. 많은 토를 내보내기 위해서지요.
목도 있으면 좋습니다. 토를 쉽게 다스릴 수 있으니까요.

구세주 오행은 金과 水와 木

이 명식이 균형을 이루려면 金水木이 있어야 합니다.
결론은 음과 양의 균형으로 돌아왔네요.

금수목이 지배하는 운이 오면 명식의 균형이 갖춰지니 일간이 기대하는 것들을 이룰 수 있습니다.

대운 大運. 人生의 사계절

운명방정식을 분석했으니 대운도 따져봐야겠지요.

대운은 일간이 바라보는 시간이며 일간이 걸어가는 인생길입니다.

한 사람이 일생에 걸쳐 만나는 계절입니다. 음년에 태어난 양현석은 대운이 역행합니다. 대운이 들어오는 시기는 1세입니다. 겨울을 지나 가을과 여름, 봄으로 이어지는 흐름입니다.

대운진입

대운

己	庚	辛	壬	癸	甲	乙	丙
巳	午	未	申	酉	戌	亥	子

토	금	금	수	수	목	목	화
화	화	토	금	금	토	수	수
71	61	51	41	31	21	11	01

병자 을해丙子 乙亥로 이어가는 20년 겨울대운

양현석은 토가 많습니다.

토가 명식의 균형을 방해하고 있지요. 그래서 부담스런 토를 처리할 수 있는 금수목이 필요하다고 했습니다. 금이 오면 토를 빼낼 수 있고 수가 오면 토를 적실 수 있고 목이 오면 토에 맞설 수 있으니까요.

태어난 달이 정축이라 대운은 병자, 을해로 연결됩니다. 일간에게 유리한 운세로 펼쳐지는군요.

병자丙子대운 (겨울대운의 한복판) : 1세~10세 (1969~1978)

천간은 인성 병화, 지지는 재성 자수가 들어있는 겨울대운입니다.

화목한 가정에서 걱정 없이 잘 자랄 수 있는 시기입니다.

양현석은 3남 중 둘째로 종로구 안국동에서 태어났습니다. 철물점을 하는 부친은 아들이 공부를 착실히 하기를 바랐지만 아들은 친구들과 어울려 놀기 바빴습니다. 비겁이 많으니 일간과 닮은 기운을 따라 여기저기 휩쓸려 다녔으리라 유추할 수 있습니다.

을해乙亥대운 (겨울대운의 입구) : 11세~20세까지 (1979~1988)

천간에 관성 을목이 나와 있는 겨울대운입니다.

관성은 나를 제어하는 기운입니다. 자신을 객관적으로 바라볼 수 있는 힘입니다. 관성이 작동하면 일간은 함부로 행동하지 않습니다. 마음 가는 대로 이것저것 시도해 보고 좋아하는 일에 사로잡혀 골몰하면서도 분수를 지킵니다.

재주와 능력을 발견하는 시간

이 시기에 그는 흑인음악을 접하고 그 리듬에 맞춰 노래하고 춤추며 바삐 지냅니다. 그러면서 자기 식으로 변형한 춤을 친구들에게 가르쳐주며 안무가의 역할도 합니다.

양현석은 학창시절부터 재능 있는 춤꾼으로 이름을 날렸다고 하지요. 율동은 목의 작용과 연관이 있습니다. 그런데 명식만 보면 댄서를 상상하기는 어렵습니다. 현란한 몸동작, 유연한 움직임을 만들어낼 목이 약하기 때문이지요. 그가 춤을 좋아하고 또 잘 출 수 있었던 것은 을해와 갑술로 이어지는 대운의 덕입니다. 겨울대운과 가을대운에 목이 고르게 들어오니 음악에 맞는 동작을 짜낼 수 있었겠지요.

고등학교 때는 춤에 빠져 클럽을 드나드느라 학교공부를 게을리 했지만 그래도 관성이 작동하다 보니 자격증도 따고 필요한 교과과정은 마쳐 무사히 졸업을 합니다. 이후 잠시 직장생활을 하다 다시 춤꾼의 일상으로 복귀합니다.

이제 곧 금(식상)이 작동하는 가을대운이 올 텐데 사무실에 틀어박혀 시키는 일이나 하며 월급쟁이로 살아가기는 어렵겠지요.

갑술 계유 임신甲戌 癸酉 壬申으로 이어가는 30년 가을대운

금이 지배하는 가을대운입니다.

일생 중 가장 빛나는 시절을 맞았습니다. 자신의 재능(식상)을 마음껏 발산할 수 있는 때입니다. 서늘한 기운이 필요한 명식인데 가을대운이 왔으니 음양의 균형을 회복한 셈입니다. 더욱 반가운 것은 천간까지 목(갑목)과 수(계수, 임수)로 이어지니 더할 나위 없는 시절이 찾아든 것이지요.

갑술甲戌대운 (가을대운의 끝) : 21세~30세 (1989~1998)

천간은 갑목, 지지는 술토가 차지했습니다. 목과 함께 온 술토라 나쁘지 않습니다. 이때의 술토는 나와 뜻을 같이 하는 동료, 나를 빛나게 하는 파트너에 가깝습니다. 공동의 목표를 향해 매진하는 협력자인 셈입니다.

서태지와 아이들

회사를 그만두고 춤꾼이 되기로 결심한 그는 이후 브레이크 댄서로 활동하며 가수들에게 춤을 가르쳤습니다. 그러다 91년에 랩과 작곡실력을 갖춘 서태지를 만나 그에게 춤을 가르쳤고 그것이 인연이 돼 '서태지와 아이들'에 합류했습니다. 팀은 92년부터 96년까지 왕성한 활동을 하며 대중문화의 흐름을 바꿔놓았습니다.

프로듀서

팀이 해체된 다음에는 음반기획사를 차려 제작자로 변신했습니다. 이후 흑인음악의 색채를 잘 드러낼 수 있는 힙합 팀(지누션, 원타임)을 선보이며 사업가로서의 발판을 마련합니다.

계유癸酉대운 (가을대운의 한복판) : 31세~40세 (1999~2008)

지지는 토를 처리할 수 있는 유금이 작용하고 천간은 섬세한 계수가 영향력을 발휘하는 가을대운입니다. 명식에 비겁이 많은데 식상과 재성이 고루 분포된 계유대운이 오니 비겁도 도움이 됩니다. 이때의 비겁은 일간이 키운 사람들로 볼 수 있습니다. 즉 일간의 생각과 이상을 고스란히 실현해 줄 수 있는 사람들이 일간 대신 무대에 올라가는 것이지요.

명성을 얻는 시절

이 시기에 그는 실력과 개성을 갖춘 사람들을 연습생으로 선발해 무대에 올렸습니다. 휘성, 세븐, 렉시, 거미, 빅마마, 빅뱅 등을 데뷔시켜 대중음악 팬들로부터 대단한 찬사를 받았습니다. 그러면서 음반 제작자로서의 진가도 인정받고 소속 연예인들을 가족처럼 대한다는 평가도 얻습니다. 사업도 나날이 번창합니다.

임신壬申대운 (가을대운의 입구) : 41세~50세 (2009~2018)

마지막 가을대운입니다. 금과 수가 필요한 명식인데 꼭 필요한 기운들을 만났습니다. 계유대운도 좋았지만, 임신은 성과물이 더욱 많은 때입니다. 임수는 물줄기가 세찹니다. 계수와는 비교할 수 없을 정도지요. 대운 지지의 신금 속에도 수가 숨어 있습니다.

재물도 쌓이고 권위도 생기는 행복한 시간입니다.

잠재력을 뽐내는 대운

이 시기에 그는 2NE1을 데뷔시키고 에픽하이와 싸이를 맞아들였습니다. 세븐과 빅뱅은 일본 무대로 진출해 반향을 일으킵니다. 유튜브에 올린 싸이의 뮤직비디오가 엄청난 조회 수를 기록하면서 YG 엔터테인먼트의 인기도 하늘 높이 치솟습니다. 또 오디션 프로그램의 심사위원으로 활동하며 신인들을 발굴하고 영입합니다.

아내와 자식을 얻는 대운

2010년에는 결혼을 하고 자식도 얻었습니다.

비겁이 많은 사람은 결혼을 늦게 하는 것이 좋습니다. 굳이 일찍 해야 한다면 운에서 재성이 탄탄하게 들어올 때 하면 됩니다. 양현석은 계유대운, 임신대운 모두 결혼이 가능합니다. 계수도 재성이고 임수도 재성이니까요. 그럼에도 물줄기의 위력(재성의 역량)을 생각하면 임수가 계수보다 훨씬 안정적이지요.

임신대운에 가정을 꾸린 걸 보면 자신에게 꼭 맞는 시기에 결혼한 셈입니다.

신미 경오 기사 辛未 庚午 己巳로 이어가는 30년 여름대운

신미대운 (여름의 끝) : 51세~60세 (2019~2028)
경오대운 (여름 한복판) : 61세~70세 (2029~2038)
기사대운 (여름의 입구) : 71세~80세 (2039~2048)

火가 작동하는 여름대운입니다.

금이 지배하는 가을대운에 비하면 조금 못하지요. 그래도 천간에 금이 보이니 열기에 아주 휘둘리지는 않겠습니다.

이 명식은 토가 많아 목과 토의 균형이 깨져 있지요. 그렇다면 여름대운에는 목을 후원하는 일, 이를테면 사회사업을 하는 것도 괜찮습니다. 번 돈을 의미 있는 일에 돌려쓰는 것이지요. 방송연예 쪽의 일은 새로 투자를 하기보다는 기존의 것을 관리하고 유지하는 방향으로 계획을 세우면 좋겠습니다.

공간 축

戊己
(土)

甲乙丙丁　庚申壬癸
(木)(火)　(金)(水)

甲乙丙丁　庚申壬癸
(木)(火)　(金)(水)

10간의 변화

시간 축

박진영, 구석구석 파고드는 물 대상의 속마음을 읽어내는 물

JYP 엔터테인먼트의 대표이자 가수, 댄서, 작곡가, 음반제작자, 프로듀서, 기업가로 왕성한 활동을 하는 박진영의 명식을 살펴볼 차례입니다.

이수만과 양현석도 기획사를 차리기 전에 연예활동을 했었지요.

이수만은 무대에 대한 아쉬움이 별로 없을 겁니다. 데뷔한 직후부터 자신의 끼를 충분히 발휘했고 영역을 넘나들며 오래 활동했으니까요. 나이도 있고 하니 경영에만 전념하는 것이 자연스럽습니다.

양현석은 무대에서 기운차게 뛰어다녔던 기간이 얼마 되지 않습니다. 그런데도 별다른 미련은 없는 듯 그는 회사를 차린 후에는 신인을 발굴하고 키우며 사업을 확장하는 쪽에 에너지를 쏟아붓고 있습니다. 이제 기획사를 꾸리면서도 무대에 계속 오르며 기량을 뽐내는 박진영의 운명을 따져봅시다.

박진영

양력 1971년 12월 13일 출생, 오후 미시로 추정

시	일	월	연
丁	壬	庚	辛
未	申	子	亥

火	水	金	金
土	金	水	水

재성	일간	인성	인성
관성	인성	비겁	비겁

대운

壬	癸	甲	乙	丙	丁	戊	己
辰	巳	午	未	申	酉	戌	亥

수	수	목	목	화	화	토	토
토	화	화	토	금	금	토	수
72	62	52	42	32	22	12	02

운명방정식, 이렇게 푸세요

타고난 생년월일시를 만세력에서 찾아 사주(네 기둥)와 팔자(여덟 가지 요소)를 세워야겠지요. 그것을 오행으로 바꾸고 일간을 중심으로 육친을 적습니다. 남자가 음의 해에 났으니 대운은 역행하겠군요.

음과 양의 비율을 가늠합니다

음양의 잣대로 판단할 때 이 사주는 무게 중심이 어느 쪽으로 기울까요? 팽창하는 木火와 수축하는 金水를 따져봅시다.

시	일	월	연
火	水	金	金
土	金	水	水

목화는 1개고 금수는 6개나 됩니다.
(시간) : (연간, 연지, 월간, 월지, 일간, 일지)의 비율로 목화에 비해 금수가 훨씬 많습니다. 중화를 이루려면 목화가 필요합니다.

수와 화, 금과 목

이제 목화와 금수를 나누어 수와 화, 금과 목의 관계로 살펴봅시다.

수와 화를 보면 화는 1개, 수는 3개나 있습니다. 화가 부족합니다. 금과 목의 관계에서는 금은 3개 있고 목은 없습니다. 목이 절실하군요.

토

토는 시지에 1개 있습니다. 금수가 많은 명식이니 습기를 머금은 축축한 토는 반갑지 않습니다. 무토나 기토, 술토나 미토 같은 마른 흙이 오면 많은 수를 막을 수 있으니 좋아하겠지요.

시에 건조한 미토가 보이니 다행스럽습니다.

음양의 균형에서 얻은 결론

음은 더 필요치 않고 양을 강화해야 한다.
수축하는 금수보다는 팽창하는 목화를 반긴다.
넘쳐나는 물을 통제하려면 바싹 마른 토도 필요하다.
명식에서는 기대할 수 없으니 운에서 목화토가 오면 일간이 바라는 것들을 이룰 수 있다.

육친을 적용합니다

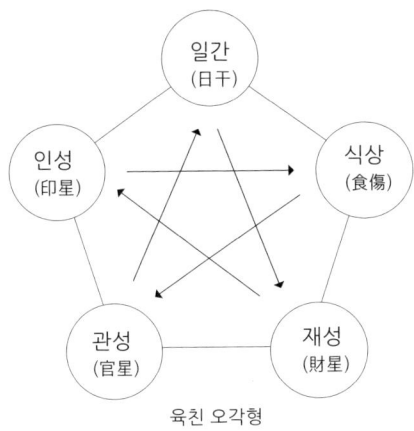

육친 오각형

```
시    일    월    연
火    水    金    金
土    金    水    水
```

재성 일간 인성 인성
관성 인성 비겁 비겁

육친을 보니 일간(水)을 도우는 인성(金)이 3개, 일간과 성향이 같은 비겁(水)이 2개 있습니다. 일간의 역량을 드러내는 식상(木)은 보이지 않습니다. 일간이 상극하는 재성(火)은 일간과 가까운 시간에 1개가 있지요. 일간을 제어할 관성(土)도 시지에 1개 보입니다.

인성

　인성이 연월에 있습니다. 배우고 익히는 기운이 일간보다 앞선 자리에 있으니 일간을 후원하는 세력이 안정돼 있다고 볼 수 있겠네요. 즉 금이 수를 생하는 금생수 작용이 일어나고 있습니다. 그럼 든든한 인성이 일간을 받쳐주고 있으니 일간은 공부를 잘 할 수 있을까요?

　이 명식은 인성이 일간을 지원하는 금생수 단계는 원활합니다. 공부는 인성만 있다고 해결되지 않습니다. 일간이 나아갈 곳, 즉 자신이 능력을 발휘할 수 있는 식상(木)도 있어야 합니다. 금생수의 다음 과정도 일어나야 하니까요. 명식만 보면 수생목의 작용을 기대하기 어렵습니다. 드러난 목도 없을뿐더러 금수가 너무 많아 균형이 깨져 있습니다. 이대로라면 일간은 공부는커녕 병치레를 하느라 정신이 없습니다.

　박진영은 유년기에 아주 영특했다고 합니다. 월간지에는 박진영이 한글을 네 살 때 깨쳤다는 이야기가 있습니다.

여성동아 2012년 6월호
네 살 때 누나 어깨 너머로 한글을 스스로 깨쳤다. 윤씨(박진영 모친)는 지금도 생생하게 기억한다. 한글을 배운 적이 없는 아들이 길을 가다가 날아온 휴지 조각을 주워 들고는 '품목허가' '상표등록'이라고 또박또박 읽더니, "엄마 이게 무슨 뜻이야"라고 물었던 것을.

　이게 어찌된 일일까요? 사주에는 목도 없고 화도 약합니다. 마른 토도 부족하고요.

열쇠는 운이 쥐고 있습니다. 그가 4세일 때는 대운으로 따지면 수가 작동하는 기해(己亥)지만, 연운은 을묘(나무가 가지를 뻗어가는 시기)입니다. 3세에서 5세까지는 연운이 갑인 을묘 병진(甲寅 乙卯 丙辰)으로 이어집니다. 이 시기는 대운의 해수가 목과 접속하기 좋은 때입니다. 대운과 연운이 기막힌 상생작용을 일으킨 것이지요.

학창시절에도 그의 성적은 항상 상위권을 유지했다고 합니다.

유년기와 청년기에 들어온 운세도 괜찮았습니다. 명식의 결함을 해소하고 일간에게 목적의식도 제공하는 방향으로 흘렀습니다.

비겁

일간과 비겁의 관계는 어떨까요?

일간이 壬수인데 연지, 월지에 수가 보입니다. 추운 겨울에 태어난 일간이 자기와 닮은 수를 좋아할 리 없겠지요. 원래 월지는 힘이 센 곳입니다. 일간이 다스리기 어렵지요. 휘둘리기 쉽습니다. 이 문제도 운이 해결해주었습니다. 목화토 운으로 비겁 수를 거뜬히 제압해 나갔던 거지요.

식상

이 명식은 식상(목)이 약합니다. 많은 금수에 비해 드러난 목이 없습니다. 그럼 이것도 운에서 해결했다고 봐야할까요? 물론 어느 정도는 운이 가세했겠지요.

그러나 방송연예활동을 하는 사람이 자신의 역량을 분출할 수 있는 식상을 운에만 의존해 이어가는 건 불가능합니다. 박진영은 목이 식상이지요. 그렇다면 운에서 아무리 빵빵하게 목을 제공해도 사주에 목의 흔적이 없다면 그가 이룬 업적을 설명하기 어렵습니다. 이 얘기는 드러난 목은 없을지언정 숨은 목은 있다는 것이지요.

숨은 木 찾기

이제 숨어있는 목을 탐색해봅시다.

천간은 단순한 기운들이 자리하는 곳이니 따질 필요가 없습니다. 지지에는 드러난 기운 말고도 깃드는 것들이 있습니다. 지지를 꼼꼼히 살펴야겠지요.

월지의 자수는 깃든 기운도 수만 있습니다. 물뿐이라는 얘기지요. 연지를 차지한 해수는 다릅니다. 해수에는 갑목이 있습니다. 숨어있는 기운이기는 하지만 위치가 연이지요. 식상이 연에 있으면 일간의 재능이 빨리 드러난다고 했는데 그렇다면 박진영도 자신이 무엇을 하고 싶은지 잠재적으로나마 알아챌 수는 있었겠습니다.

일지의 신금을 따져보지요. 신금은 드러난 건 금이지만 무토가 들어있습니다. 목은 아니지만 그래도 건조한 흙이 있다니 이것도 나쁘지는 않네요. 시지를 살핍시다. 미토 속에는 정화, 을목, 기토가 있습니다. 이건 전부다 필요한 것들이지요. 게다가 우리가 찾는 목이 을목으로 숨어있군요.

이건 횡재에 가깝습니다. 연지에는 갑목이 있고 시지에는 을목이 있으니 웬만한 목은 확보한 셈입니다. 그렇다면 박신영은 식상이 없다고 말할 수 없는 구조네요. 오히려 자신도 모르는 재능을 두고두고 뽑아 쓰는 사주로 봐야겠습니다. 더욱이 시간에 재성 화가 있으니 식상이 재성으로 순조롭게 연결됩니다.

공부를 잘 한 것은 운의 덕을 봤다고 말할 수 있지만 연예인으로서의 자질은 명식의 식상이 제공했겠네요. 거기에 운까지 거들고 나서면 일간 임수는 세상으로 나가 자신이 지향하는 것들을 두려움 없이 펼쳐 보일 수 있습니다.

양현석을 얘기할 때 그는 재성이 숨어 있다고 했는데 박진영의 경우는 식상이 숨어있군요. 그러고 보면 양은 회사를 세우고 나서는 경영에 전념하는 반면 박은 사업을 하면서 연예활동을 계속 하는 것도 이해할 만하군요.

재성

일간이 水니 재성은 火가 됩니다. 일간 바로 옆에 재성이 분명하게 드러나 있네요. 자신의 활동(식상)으로 재물을 모으는 유형이군요. 식상생재에 해당합니다. 재성이 나아갈 관성(土)도 있지요. 관성은 인성(金)으로 향하고 인성은 다시 일간을 후원합니다. 그럼 일간은 식상(木)을 활용해 다시 재성을 구축하겠지요. 관성과 인성이 있으니 사업가의 구조도 갖추었네요.

그런데 명식만 보면 순환 과정이 매끄럽게 돌아가기는 어렵습니다. 금수의 세력이 목화보다 강하기 때문이지요. 다행히 운에서 부족한 목화를 해결해주고 있습니다.

박진영도 식상으로 재물을 모으는 식상생재로 보았으니 식상의 기술을 따져보지요. 일간 수가 목 식상으로 나아가고 목 식상은 다시 재성 화로 이어집니다. 목과 화를 사용하니 방송연예나 문화산업 쪽에서 두각을 나타낼 수 있겠지요.

일간과 재성의 관계는 어떨까요?

사주에 금수가 많으니 화가 필요하지요. 그래도 화만 들어오는 건 좀 아쉽습니다. 목이 받쳐주지 않으면 불꽃이 쉽게 꺼질 수 있으니까요. 목이 오고 화가 오는 단계가 좀 더 자연스럽습니다. 그렇게 생각하면 일간은 자신의 재주와 능력을 발휘하는 것(목 식상)에만 집중하면 되겠네요. 돈과 명예(화 재성)는 식상의 결과로 저절로 따라올 테니까요.

관성

일간이 수니 관성은 토지요. 연월일까지는 인성과 비겁만 있을 뿐 수를 다스릴 토가 없습니다. 관성이 없으면 자신을 객관적으로 볼 수 없습니다. 자기 욕구에만 사로잡혀 행동하기 쉽습니다. 자신을 성찰할 수도 없고 자기 조절도 잘 안 됩니다.

다행히 시에 미토가 보입니다. 12세부터 들어오는 대운도 무술(관성 土가 지배)이라 관성과 인성이 상생작용을 일으킵니다. 주위 사람들로부터 똑똑하다는 소리도 듣고 학교공부도 잘 하는 아이로 성장할 수 있습니다.

육친에서 얻은 결론

수 일간이 인성이 있고 비겁도 있어 세력이 약하지 않다. 일간이 나아갈 식상(목)과 식상이 닿을 재성(화)이 필요하다. 또 식상을 제어할 관성(토)도 있으면 좋다. 명식의 요소만으로는 부족하고 대운에서 목화토가 들어오면 일간이 기대하는 것들을 이룰 수 있다.

일간을 탐색합니다

박진영의 일간은 壬水지요.
그를 이해하려면 水의 속성을 알아봐야겠네요.

유동성

수는 고정된 모양이 없어 자연스럽게 흘러갑니다. 한곳에 머물러 있지 않지요. 세상 만물의 깊숙한 곳까지 구석구석 파고듭니다.

사색하는 힘

사주에 水가 많은 사람들은 생각을 많이 합니다. 사색하고 탐구하는 능력이 있습니다. 현상으로 드러나지 않은 것에도 관심을 갖습니다.

예민한 감수성

수는 자극을 빨리 알아차립니다. 사람을 만나 대화를 나눌 때도 상대가

미처 하지 못한 말이나 표현하지 못한 감정까지 세심하게 읽어냅니다. 그렇게 모은 정보로 관계를 매끄럽게 이어갑니다. 소통의 달인인 셈이지요.

생명 친화

 수는 굳어있는 금이 부드러운 상태로 바뀐 것입니다.
 생명의 입장에서 보면 금은 살벌하고 냉정한 오행입니다. 수가 나서서 부드러운 에너지로 바꿔 놓습니다. 수 에너지는 목을 향해 나아갑니다. 수가 많은 사람도 자신의 에너지를 나눠주고 싶어 합니다.

 운명방정식에서 음양의 균형, 육친, 일간까지 살폈지요. 이제 이 명식에 꼭 필요한 구세주 오행도 찾아보지요. 음양의 조화를 한 번 더 따지는 과정입니다.

부족한 오행이 무엇인지 판단합니다

 목화는 팽창하는 기운이고 금수는 수축하는 기운입니다. 그것을 다시 줄이면 화와 수로 표현할 수 있습니다. 복잡다단한 변화가 일어나는 이 세상도 단순하게 보면 수와 화가 변화를 일으키며 돌고 도는 것으로 이해할 수 있습니다.
 음과 양을 다시 살펴보지요.

시	일	월	연
火	水	金	金
土	金	水	水

水와 火의 관계

이 사주는 水보다는 火가 필요합니다. 수는 이미 많습니다. 태어난 계절도 추운 겨울이니 수가 오는 것보다는 따뜻한 화가 와야겠지요.

金과 木의 관계

木은 절실히 필요합니다. 연지와 시지에 숨은 목이 있기는 하지만 그것만으로는 일간이 바라는 것들을 모두 다 실현할 수 없습니다. 또 목이 와야 화도 걱정 없이 활활 타오를 수 있으니 목은 그야말로 다다익선입니다. 金은 더 오면 안 됩니다. 많이 있으니까요.

용신(구세주 오행)은 木과 火, 土

이 명식이 균형을 이루려면 木火土가 있어야 합니다.

여름대운과 봄대운에 일간이 바라는 것들을 이룰 수 있습니다.

대운, 人生의 사계절

운명방정식을 분석했으니 대운大運도 따져봐야겠지요.

대운은 일간이 바라보는 시간이며 일간이 걸어가는 인생길입니다.

한 사람이 평생에 걸쳐 봄여름가을겨울이라는 순환주기를 만나는 것입니다. 음의 해에 태어난 박진영은 대운이 역행하고 2세부터 시작됩니다. 겨울을 지나 가을과 여름, 봄으로 이어지는 흐름입니다.

대운진입 전

박진영은 1971년 회사원인 아버지와 초등학교 교사 출신의 어머니 사이에서 외아들로 태어났습니다. 위로는 누나가 하나 있었습니다.

대운

壬	癸	甲	乙	丙	丁	戊	己
辰	巳	午	未	申	酉	戌	亥
수	수	목	목	화	화	토	토
토	화	화	토	금	금	토	수
72	62	52	42	32	22	12	02

기해己亥대운 (겨울의 초입) : 2세~11세 (1973~1982)

천간은 부드러운 기토, 지지는 해수가 보이는 겨울대운입니다.

명식에 수가 많아 겨울대운이 오는 것이 반갑지는 않습니다. 그래도 유아기와 유년기에 맞는 겨울대운이라 그나마 다행입니다. 일간 스스로 무엇을 결정하고 행동에 나서는 시기는 아니니까요. 그저 부모가 시키는 대로 따라가는 입장일 뿐이지요.

미국생활

은행에 다니던 아버지가 해외지사로 발령이 나서 가족 모두 미국으로 갑니다. 덕분에 당시 초등학교 1학년이었던 박은 2년 반 동안 미국생활을 했습니다. 부모들은 언어 때문에 곤란을 겪었으나 그는 새로운 언어를 모국어처럼 쉽게 받아들였습니다. 또 흑인 친구들과 춤을 추며 어울려 다녔습니다. 자연스레 흑인음악을 접하게 되었고 깊이 빠져들었습니다.

대운의 지지에 해수가 들어오니 그 흐름을 타고 잠시 한국을 벗어났던 것으로 짐작할 수 있습니다. 낯선 땅에서 친구들과 무리지어 즐겁게 놀 수 있었던 것도 일간과 같은 수(비겁)가 들어왔기에 가능했을 것입니다.

무술 정유 병신戊戌 丁酉 丙申으로 이어가는 30년 가을대운

金이 지배하는 가을입니다.

명식에 금이 많은데 가을대운 30년을 통과해야 하니 이거 어쩌지요? 그렇다고 여름으로 곧장 건너갈 수도 없고 말입니다.

실망할 필요는 없습니다. 묘하게도 천간으로 온 기운들이 금과 수를 다스릴 수 있는 것들입니다. 무술대운의 건조한 무토, 정유대운의 불꽃 정화, 병신대운의 타오르는 병화가 가을 금과 함께 왔으니 뭐 아주 나쁘지는 않네요. 이 정도면 일간이 기대하는 방향의 활동을 이어갈 수 있습니다.

무술戊戌대운 (가을대운의 끝) : 12세~21세 (1983~1992)

천간과 지지에 토가 들어온 가을대운입니다. 12지에 대한 내용을 잘 모르는 독자들은 금이 지배하는 가을대운에 토가 왔다는 말을 이해하기 어려울 겁니다.

각 계절의 끝은 항상 토가 등장합니다.

봄에는 인목과 묘목 뒤에 진토가 나오고 여름은 사화와 오화 다음에 미토가 출현합니다. 가을은 신금과 유금 뒤에 술토가 나타나고 겨울은 해수와 자수 다음에 축토가 나옵니다. 봄은 목이 지배하는 계절이지요. 진토 속에는 자양분이 있습니다. 봄의 흙, 진토는 목의 뿌리를 단단하게 만듭니다. 뿌리가 튼실하면 나무가 잘 자랄 수 있겠지요. 여름은 화의 계절입니다. 한껏 팽창한 화를 미토가 수습합니다. 가을은 금의 계절이지요. 가을의 막바지에 술토가 등장해 다음 계절을 준비합니다. 겨울은 수가 지배하는 계절이라 에너지를 모을 수 있는 축토가 등장합니다. 축토가 자양분을 마련해 놓아야 생명이 걱정 없이 태어날 수 있습니다. 12지는 이런 흐름으로 순환하고 있습니다.

박진영은 건조한 토가 필요한 명식이니 무술대운이 나쁘지 않겠지요.

水를 막은 土

원래 수가 많은 사주로 태어나면 행동이 느리고 성격도 어둡습니다.

생활환경이 바뀌면 적응하는데 시간이 좀 걸립니다.

박진영은 달랐습니다. 돌아와서도 즐겁게 생활했습니다. 대운에서 수를 막아주고 있어 분위기나 여건이 바뀌어도 별 어려움 없이 쉽게 발맞춰 갔습니다. 몸을 움직이는 것을 좋아하고 행동도 빨랐으며 성격도 밝고 쾌활해 친구들 사이에서도 인기가 있었습니다.

학창시절 내내 성적도 상위권을 유지했습니다.

고등학교에서는 전교학생회장도 했는데 당시 그의 선거 공약은 당선되면 친구들에게 한턱 쏜다는 것이었습니다. 당선되고 나서는 공약을 이행하듯 친구들을 나이트클럽으로 데려가 마음껏 놀게 했습니다. 이 일로 그는 학생주임으로부터 야구방망이로 얻어맞습니다.

정유丁酉대운 (가을 한복판) : 22세~31세 (1993~2002)

천간은 정화, 지지는 유금이 작동하는 가을대운입니다.

일간이 수니 정화는 재성이고 유금은 인성이지요. 금이 불편한 명식이니 유금이 온 건 반갑지 않습니다. 그래도 천간에 은근한 불꽃 정화가 있어

그런대로 헤쳐나갈 수 있습니다.

병신丙申대운 (가을대운의 입구) : 32세~41세 (2003~2012)

정화는 촛불처럼, 밝힐 수 있는 공간 범위가 한정돼 있는 약한 빛입니다. 태양을 닮은 병화는 단숨에 넓은 공간을 환히 밝히는 강한 빛입니다.

가을대운의 성과

연세대 지질학과에 입학한 다음부터는 가수 활동도 병행했습니다. 92년에는 김수철(가수 겸 작곡가)이 기획한 앨범을 가지고 '박진영과 신세대'란 팀을 꾸려 댄스 가수로 데뷔했으나 성과 없이 끝났습니다.

이후 싱어송라이터 김현철에게 작곡을 배우면서 오디션을 보러 다녔으나 그를 선택해주는 곳은 없었지요. 박의 근황을 전해들은 작곡가 김형석은 그를 불렀습니다. 박은 김의 집에서 약 1년간 머물면서 빨래와 설거지를 하며 작곡과 편곡, 프로듀싱을 배웠답니다. 얼마 지나지 않아 박은 자신의 색깔을 드러내는 곡들을 작곡하기 시작합니다.

94년부터 날 떠나지마, 청혼가, 그녀는 예뻤다, HONEY 등 히트 곡들을 작곡하고 부르는 싱어송라이터로 활동하고 있습니다.

97년부터는 자신의 이름으로 연예기획사를 세우고 god, 비, 박지윤, 원더걸스, 2AM, 2PM, Miss A 등 수많은 가수들을 키워내고 있습니다.

재성과의 관계

박진영은 정유대운 중에 결혼을 하고 병신대운 중에 이혼을 했습니다. 그의 명식을 보면 연월일까지 재성이 나와 있지 않습니다. 그렇다면 결혼을 좀 늦게 하는 편이 좋겠지요. 게다가 가을대운은 자신에게 맞는 배우자를 만나는 시기가 아닙니다. 천간에 재성 화가 들어와 있기는 하지만 이것은 자신에게 어울리는 인연이라 보기 어렵습니다. 전체적으로는 금이 지배하는 가을이니까요.

제대로 된 인연을 만나 화목하고 안정된 가정을 꾸리는 것은 강렬한 불꽃이 이어지는 여름대운이 좋겠습니다.

을미 갑오 계사乙未 甲午 癸巳로 이어가는 30년 여름대운[11]

을미대운 (여름의 끝) : 42세~51세 (2013~2022)

갑오대운 (여름 한복판) : 52세~61세 (2023~2032)

계사대운 (여름의 입구) : 62세~71세 (2033~2042)

열기가 가득한 여름대운입니다.

메마른 명식으로 태어났다면 무더운 이 여름이 반가울 리 없겠지요. 지치고 답답하고 숨 쉬는 것조차 힘들 것입니다. 생기도 잃고 삶에 대한 의지도 약화되겠지요.

---

11 여름대운은 현재 진행 중이라 10년 단위로 분석하지 않겠습니다.

박진영은 명식에 눅눅한 습기가 많았습니다. 금수가 많은 사람이 드디어 팽창하는 계절을 만났습니다. 자기 세상을 마주 한 것이지요.

가을의 활동

그는 금이 작용하는 가을대운에도 활발한 움직임을 보였습니다. 소속 가수들을 해외 무대로 내보냈고 자회사도 세웠습니다. 그래도 펼친 활동에 비하면 결실은 빈약한 편입니다. 외형은 그럴싸해 보입니다만 내적 충실도를 따지면 썩 만족스럽지는 않을 것입니다. 주변으로부터 언짢은 소리도 많이 들었을 것입니다.

여름을 따라 팽창하는 일간

여름대운은 확실히 다릅니다. 그의 여름은 천간에 목이 나와 있습니다. 목과 화가 빚어내는 목생화의 작용은 자신도 빛나고 자기를 둘러싼 환경까지 환하게 밝힙니다. 일생 중 가장 행복한 시절입니다. 사업은 안정되고 가정도 탄탄해지는 시기입니다. 일간의 활동반경도 상상할 수 없을 만큼 넓어집니다. 도전해보지 않았던 새로운 분야로 진출할 수 있습니다. 시사 프로그램을 진행하는 방송인의 역할을 기대할 만합니다. 정계로 진입할 가능성도 있습니다.

화목한 가정

그는 을미대운에 결혼을 했습니다.

수가 일간이니 재성(아내, 재물, 사업적 능력, 사회적 영향력)은 화가 되지요. 화가 지배하는 여름대운에 배우자를 맞았으니 시기적으로도 자연스럽지요. 게다가 그 화를 도와주는 을목이 천간에 보이니 아내의 역량이나 위치도 탄탄해 보입니다.

자식운도 따져볼까요? 자식은 관성이지요. 그럼 토가 자식일 텐데 을미의 미토를 자식으로 볼 수 있겠네요.

박진영은 여름대운이 많이 남아있습니다. 갑오대운 10년, 계사대운 10년, 을미대운도 6년이나 남았지요. 그에게 여름은 지금까지 해오던 일과는 다른 영역에서도 빛을 발할 수 있는 시간입니다.

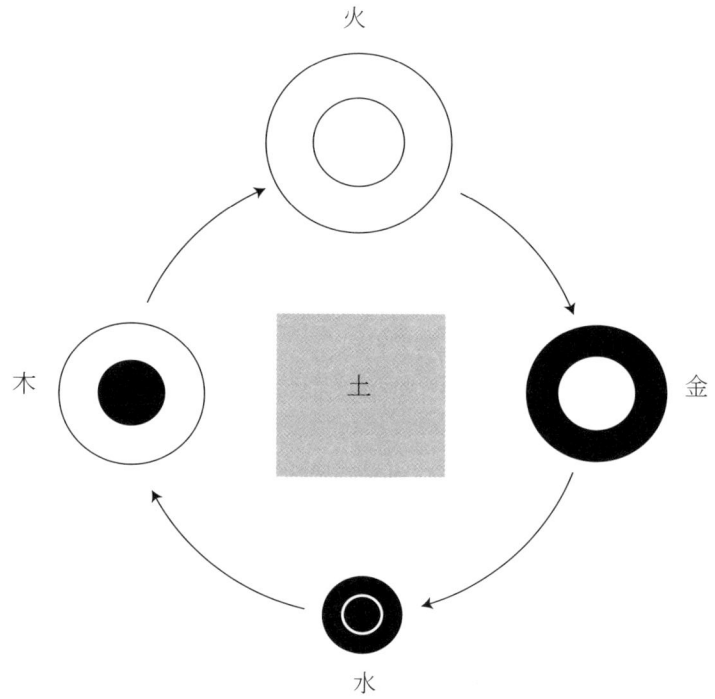

위 그림은 오행의 순환을 나타낸 것입니다.

상단에 있는 화는 이수만, 양현석, 박진영이 함께 어우러져 활동하는 무대로 볼 수 있습니다. 빛을 받고 또 빛을 뿜어내는 문화산업 공간인 셈이지요.

일간이 나무인 이수만은 왼쪽에 있는 목의 자리에 놓으면 되겠군요. 일간이 물인 박진영은 아래쪽의 수가 자기 자리입니다. 일간이 흙인 양현석은 가운데 있는 토에 위치시키면 균형이 맞겠네요.

지금까지 대한민국을 대표하는 3대 연예기획사 대표들의 명식을 분석했습니다.

이수만, 양현석, 박진영의 운명을 똑 같은 방식으로 살폈습니다.

처음에는 음양의 균형을 보았고 다음은 육친을 대입했습니다. 그다음은 일간을 따졌고 다시 부족한 오행으로 확인했습니다.

3인의 사주를 같은 단계로 접근한 것은 그들이 비슷한 일을 하는 사람이라서가 아닙니다. 사주를 어떻게 판단하는지 알려줄 때 이보다 더 쉬운 해법은 없기 때문입니다. 과정을 바꾸어 접근하면 독자 입장에서는 이해하기도 어렵고 또 헷갈릴 수 있습니다. 자신의 연월일시를 뽑아놓고도 이해할 수 없어 안타까워하는 독자가 있다면 이 방법대로 따라 해 보시기 바랍니다.

사주를 해석하는 방법은 정말 많습니다. 이 책에서는 음양의 균형, 육친, 일간, 부족한 오행이라는 잣대로 명식을 풀었지만 다른 방법으로도 얼마든지 설명할 수 있습니다. 같은 사주도 해석자가 다르면 풀어가는 방식, 접근하는 과정이 다를 수밖에 없습니다.

이 책에서 제시한 해법과는 아주 다른 방식을 찾아내는 독자가 나오기를 기대합니다.

스타를 만드는 운명, 이수만 양현석 박진영
사주명리로 살펴본 그들의 인생

© 박민재 2016

발행일 2016년 4월 23일 초판 발행 | **지은이** 박민재
펴낸 곳 봄꽃 여름숲 가을열매 겨울뿌리 | **등록** 2015년 6월 16일 제 2015-00189호
주소 서울시 마포구 월드컵북로 31길 26, 301호 | **대표전화** 02-308-2461
팩스 0505-312-3116 | **블로그** blog.naver.com/seasonsinthelife
이메일 seasonsinthelife@naver.com
ISBN 979.11.955785.3.5 (03100)

이 책의 저작권은 저자에게 있으며 저작권법에 따라 보호를 받는 저작물이므로 무단 전재와 복제를 금합니다. 정가는 뒤표지에 있습니다. 잘못된 책은 구입하신 곳에서 교환해 드립니다.
이 도서의 국립중앙도서관 출판예정도서목록(CIP)은 서지정보유통지원시스템 홈페이지 (http://seoji.nl.go.kr)와 국가자료공동목록시스템(http://seoji.nl.go.kr/kolisnet)에서 이용하실 수 있습니다. (CIP 제어번호 : CIP2016008384)